인생을 세일즈하라

삶이란 나를 파는 것. 당신은 무엇을, 어떻게 팔 것인가?

인생을 세일즈 하라

이성희 지음

호이테북스
today

■ 차례 | contents

지금까지 삶의 경험으로 미루어 볼 때, 인간이라면 누구나 죽기 전까지는 분명한 목표의식을 갖고 살아야 한다고 본다. 그 이유는 자신이 소망하는 것을 추구하며 살아갈 때, 비로소 자신만의 진정한 삶을 살 수 있기 때문이다.

자신만의 가치를 추구하지 않고 아무 생각 없이 살아간다면 기나 긴 인생 여정에서 우연의 결과밖에는 기대할 것이 없다. 하루하루 자신의 가치를 추구하며 살아가지 않는다면, 가끔씩 내면에서 도전의 열망이 솟구친다 해도 금세 열정이 사그라져 다시금 평범한 일상으로 돌아갈 수밖에 없다.

그렇다면 어떻게 살아가는 것이 가치 있는 삶일까? 그것은 기본적으로 자신에게 맞는 장·단기적인 목표를 설정하고 꾸준히 실천하는 데 있다. 그런 분명하고도 실천 가능한 목표는 정신혁명으로 이룰 수 있다.

이 책은 필자가 지금까지 써 왔던 다섯 권의 책들과 달리, 현대

사회를 살아가면서 지식의 습득만으로는 다 채울 수 없는 내적 배움과 통찰을 글로 표현한 것이다. 인생을 100세까지 산다고 가정했을 때, 경쟁이 치열한 세상에서 살아남기 위해 그동안 습득해왔던 지식만으로는 더 이상 남은 삶을 충만하게 채울 수 없다.

필자가 이 책에서 전하려는 주제는, 모든 환경의 지배를 벗어나 내적 배움을 통해 인생이 어떻게 변할 수 있는지를 필자의 삶을 반면교사反面教師로 삼아 자신의 내면세계를 들여다볼 수 있도록 하는 데 있다. 이 책을 읽다 보면, 같은 내용이라도 각자의 기준에 따라 정답이나 오답으로 달리 보일 수도 있을 것이다. 그 이유는 그동안 살아온 목적과 방법이 각자 다르기 때문이다.

밥상머리에 앉았을 때, 어떤 사람은 한 공기의 밥도 많다고 느낄 수 있지만, 어떤 사람은 부족하다고 느낄 수 있다. 그런 경우, 많다고 느끼는 사람은 먹고 남기면 되고, 부족한 사람은 한 그릇을 더 시켜 먹으면 된다. 이 책도 마찬가지다. 감동이나 동기 유발을 적게 느끼든, 많이 느끼든 그것은 독자의 몫이다.

이 책을 손에 집어 든 순간부터 독자들에게는 동일한 내용이 전해지겠지만, 각자에게 미치는 영향은 전혀 다르게 나타날 것이다. 필자는 이러한 이유로 무척 흥분되고 기대가 된다.

끝으로 이 책이 세상에 나올 수 있도록 지혜와 능력을 주신 하회장Jesus 님께 모든 영광을 돌리며, 매일 24시간 곁에서 끊임없는 성원과 격려를 아끼지 않는 아내와 가족들에게 고마움을 전한다.

마지막으로 오랫동안 함께한 서정순 지점장님과 신애실 사장님,
최옥자 사장님, 그리고 말도 안 되는 업무량에 고생하는 인슈첵크
총무님들에게도 감사의 마음을 전한다.

당산동 사무실에서

이성희

인생을
세일즈하라

세치 혀로만 영업하지 마라

영업이란 무엇일까? 한 번 맺은 사람과 신뢰를 굳게 쌓으며 평생 동반자의 관계로 만들어 가는 것이다. 그럼에도 불구하고 다수의 영업인들은 평소에는 아무런 준비도 하지 않다가 마감이 임박하면, 지인들에게 전화하거나 찾아가서 계약을 요구하는 것을 영업이라고 여긴다.

그러나 그것은 일곱 살 철부지 소년이 미끼도 없이 낚시를 하러 나가는 것처럼, 준비가 덜된 상태에서 일을 도모하는 무의미한 행동일 뿐이다. 아무런 준비도 없이 영업을 하다 보면 어느 순간, 영업 활동이 어려워지고 고객과의 관계도 멀게만 느껴진다. 그러면 '영업이란 매우 힘든 일이구나.'라며 평생 직업으로 삼았던 생각을 포기하게 된다. 이런 상황을 혀가 멈추면 영업 활동도 멈추게 되는 것에 빗댈 수 있다.

혀는 고객과의 관계에서 의사소통 등 단순한 역할을 담당한다. 그런데 혀를 잘 사용해야만 영업을 잘할 수 있다는 이상한 믿음이 영업 세계를 지배하고 있다. 아무런 준비도 없이 현장으로 나가 혀로만 영업하려다 보니 영업이 얼마나 힘들게 느껴지겠는가? 어떤 영업을 하든 혀는 고객과의 관계에 기름칠을 해 주는 오일의 역할에 불과하다. 말만으로는 따뜻함이나 신뢰를 전달할 수 없다. 다시 말해, 영업에서 혀는 당장 계약을 받아 낼 수 있는 중요한 도구가 아니다.

고객과의 관계에서 평소 꾸준히 쌓아 놓은 신뢰와 사소해 보이는 감정들이 정작 계약을 성사시킨다. 그렇기 때문에 영업할 때, 고객 앞에서 떨거나 소심해서 또는 정확하게 말로 표현하지 못한다고 해서 계약이 무산되는 것은 아니다. 따라서 고객 앞에서 절대 당황하거나 어려워할 필요가 없다. 말을 잘해야만 영업을 잘할 수 있는 것은 아니기에 영업은 매우 공평한 직업이다.

만약 영업에서 말의 역할이 매우 중요했다면, 최종 학력 고졸에 키도 작고, 얼굴은 검고, 성격은 B형에 소심하고 내성적이며, 말도 빠른 필자는 영업에서 실패를 했어도 몇 번은 실패했을 것이다. 가족들의 표현을 빌리자면, 누구를 만나든 친해지기 전까지는 남들 앞에서 자신감이 없는 사람이, 말로 영업한다는 것은 불가능하기 때문이다. 그런 사람이 10년 이상 영업을 성공적으로 하고 있다. 말의 역할보다는 매사 준비하는 영업이 성공한다는 것을 증명한 셈이다.

필자에게는 지금도 전국에서 많은 영업인들이 찾아와 상담을 요청한다. 대부분 저서를 보고 찾아오는 경우가 많지만, 보험회사에서 강의했던 방송을 보거나, 소문을 듣고 찾아오는 경우도 많다. 그때마다 그분들의 질문은 매우 비슷하다. 바로 "영업을 잘하려면 어떻게 해야 합니까?"가 그것이다.

그에 대한 답변은 항상 동일하다. 영업을 잘하는 비법을 하나로 요약하면 포기하지 않고 5년이면 5년, 10년이면 10년 꾸준히 하라는 것이다. 이 말은 곧 영업이 잘될지 안 될지를 생각하지 말고 처음부터 자신을 100% 믿고 시작하라는 것이며, 회사의 규모나 화법, 지식 등은 영업 활동에 있어 부수적인 것일 뿐 중요한 것이 아니기에 그에 의지하지 말라는 것이다. 만약 회사 규모가 중요하다면 작은 회사에 다니는 사람들은 영업을 못해야 하고, 화법이 중요한 것이라면 말 못하는 사람도 영업을 못해야 하며, 지식이 중요하다면 신입사원은 영업을 못해야 하기 때문이다. 그런 것들은 단지 영업의 부속품이라고 말하는 이유는 그 때문이다.

아직도 자신을 믿지 못하고 매사 영업의 부속품 때문에 힘들어하는 사람이 있다면, 영업엔 적성이 맞지 않는 것으로 생각하고 일찍 포기하는 것이 오히려 낫다. 그 대신 당장은 거절을 당해도 마음속으로 '1년은 포기 하지 않겠다.'라며 고객을 일 년만 꾸준히 방문한다면, 작은 상품 하나라도 계약을 안 해 줄 사람은 없다. 그래서 영업은 꾸준함이 중요하다고 말하는 것이다.

필자는 2004년부터 지금까지 10년 동안 아침 7시에 출근해 밤 11시에 퇴근하고 있다. 그 덕에 좋지 않은 성격이지만 7만 명이라는 고객을 만들고, 지금은 어느 정도 여유가 생겼다. 7만 명을 인간 띠로 잇는다면 무려 140km다. 다시 한 번 말한다. 영업을 잘하고 싶다면, 단 하루도 포기하지 말고 5년만 버텨라. 겨우 몇 개월 해 보고 나서 '영업이 잘될까?'를 생각하면 절대 안 된다.

그리고 단 한 번의 만남이라도 고객에게 평생을 각인시킬 수 있는 방법을 준비해야 한다. 필자는 지독히 내성적인 성격에 처음 보는 사람 앞에서는 말도 잘 못하고, 남의 집에서는 화장실도 잘 못 가며, 강의 중에는 떨려서 물 한잔도 제대로 못 마시는 사람이다. 그런 성격을 가진 사람이 보험 영업을 한다고 하니 지켜보는 가족들은 얼마나 걱정했겠는가?

단점을 고치면 장점이 된다는 말이 있다. 그래서 생각해 낸 것이 말을 하지 않고도 계약을 받는 것이었다. 그렇게 하기 위해 필요한 것은 완벽한 준비밖에 없었다.

필자는 처음부터 영업 대상을 전국으로 확장하려고 생각했다. 그래서 시간이나 영업 비용은 물론, 영업 대상자를 선정하는 과정 등을 처음부터 다각도로 연구했다. 그리고 제대로 된 영업을 하려면 고객에게 무엇이든 남기고 와야 오래갈 수 있다는 결론에 이르렀다. 사실 고객에게 남기는 것은 눈에 보이는 제안서일 수도 있고, 눈에 보이지 않는 보험 상식일 수도 있으며, 전문가적인 모습일 수도 있다.

그래서 가장 먼저 준비한 것이 바로 시각적인 제안서였다. 제대로 된 제안서만 있다면 전국 어디든 문제될 것이 없어 보였다. 제안서는 입으로 전하고 싶은 말을 다 적을 수 있어서 좋았고, 쉽게 버릴 수 없기에 고객의 시선을 오랫동안 붙들어 둘 수 있으며, 당장 신뢰를 줄 수 있어서 좋았다.

지금 와서 돌이켜 보면 혀로 영업하는 사람은 결코 오래가지 못했다. 혀로 영업하는 사람들의 공통점은 지인이 많거나 영업 준비가 귀찮거나, 또는 실력이 없다는 것이다. 그러다 보니 영업이 어려울 수밖에 없고, 별다른 도리가 없었던 것이다.

현재 필자의 사무실은 서울 영등포구 당산동에 있지만, 고객은 전국 방방곡곡에 있다. 필자는 현재 영업을 위해 단 한 발짝도 외부로 움직이지 않고, 불과 3년 동안 전국에 있는 다양한 직업의 프로 영업사원 수천 명을 고객으로 만들었다. 영업 비용도 없고 제안서 하나에 저서 한 권을 택배로 보내 주는 것 외에는 고객이 될 때까지 개인적으로 통화조차 해 본 적이 없다. 어쨌든 지금은 전국 여기저기서 필자를 만나고 싶다는 연락을 수없이 받는다. 그것은 바로 혀가 아닌 신뢰가 만든 결과물이다. 그리고 그들은 앞으로 필자의 고객으로 평생을 함께할 것이다.

대한민국 성인의 표준 키에도 못 미치는 165cm에, 고졸 학력에, 소심한 성격의 필자가 무슨 매력이 있어서 이런 결과를 얻을 수 있었을까? 당신은 필자보다 몇 배나 더 유능한 조건을 갖추고 있기에 더 나은 영업 결과를 얻을 것이라고 확신한다. 만약 필자보다 못하다면 영업에 대한 믿음의 차이일 뿐이다.

세밀하게 관리하고, 질문하라

영업에 대한 강의나 코칭을 하다 보면 무척 다양한 질문들을 받게 된다. 그중에서도 가장 많이 받는 질문들을 꼽아 보면 다음과 같다.

첫 번째로 많이 받는 질문 중 하나는 "고객들에게 질문을 잘하려면, 어떻게 해야 합니까?"라는 것이다. 이는 아주 평범한 질문 같지만, 그 속에는 영업에 대한 다양한 것들이 내포되어 있다. 따라서 경험이 별로 없다면 이 질문에 선뜻 답하지 못할 수도 있다. 이 질문은 영업 현장에서 말문이 막히거나 고객을 마음대로 제어하고자 할 때, 고객과의 관계에서 '갑'이 되고자 할 때 사용하는 고난도의 질문으로, 영업에서 큰 비중을 차지하는 질문에 대한 질문이다.

영업을 못하거나 영업 초보들의 공통점은 고객을 만나면 대부분의 시간을 자기가 팔려는 상품 설명에 집중한다는 것이다. 그들은 고객의 말을 들으려고 하지 않는다. 아예 귀를 닫고 자신의 입만 연다.

그러나 프로들은 다르다. 적절한 질문을 통해 자기가 말을 하기보다는, 고객 스스로 말을 하게 한다. 즉, 상황 자체를 자신에게 유리하게 만들어 가고, 영업에 필요한 유익한 정보를 얻는 데 주력하는 것이다.

이런 질문을 받을 때마다 필자는 정답을 말해 주는 대신 질문을 통해 스스로 더 많은 것을 체득하도록 한다. 영업을 잘하는 방법을 바로 가르쳐 주면 귀로만 듣는 경우가 많지만, 질문을 통해 스스로 답을 얻도록 유도해 나가다 보면 자신이 찾은 답을 마음속으로 받아들이기 때문이다. 자신의 몸으로 체득하고 마음속으로 느낄 때까지 반복되는 질문을 통해 스스로 정답을 찾도록 만드는 것이다. 그것은 필자가 고객을 만나 대화하는 방식과 거의 동일하다.

예를 하나 들어 보자.

영업인 : 고객들에게 질문을 잘하려면 어떻게 질문해야 합니까?

필　자 : 네, 아주 훌륭한 질문입니다. 아무나 할 수 없는 질문을 하셨는데 반대로 제가 질문해 보겠습니다. 질문할 때는 누구에게 질문을 하느냐에 따라 그 내용이 바뀔까요, 동일할까요?

영업인 : 그야 당연히 바뀌겠죠!

필　자 : 그렇다면 질문을 할 때 그것을 통해 얻고자 하는 것이 명확하게 있

을까요, 없을까요?

영업인 : 있으니까 질문하겠죠. 당연한 것 아닙니까?

필　자 : 질문할 때 얻고자 하는 분명한 목적이 있어서 질문한다고 생각한다

니 정말 다행입니다. 그렇다면 강력한 질문을 하려면 어떻게 하는

것이 가장 좋을까요?

영업인 : (눈을 동그랗게 뜬 채 무슨 영문인지 모르겠다는 듯이 필자를 쳐다

본다.)

필　자 : 왜 답하기가 어렵습니까? 그렇다면 좀 더 쉽게 질문하겠습니다. 고

객에게 질문할 때, 어떤 정보를 토대로 질문하는 것이 좋을까요, 아

니면 아무런 정보도 없이 그저 생각나는 대로 질문하는 것이 좋을

까요?

영업인 : 정보를 토대로 질문하는 것이 더 강력하겠지요.

필　자 : 그렇다면 강력한 질문을 하려면 어떤 준비가 필요할까요?

영업인 : 이미 질문하고자 하는 것에 대한 정보를 토대로 하면 좋다고 말하

지 않았습니까?

필　자 : 네, 맞습니다. 영업을 하는 사람으로서 고객 정보를 어떻게 관리하

나요? 혹시 특별하게 정리하는 방법이 있습니까?

영업인 : 네, 있습니다.

필 자 : 어떻게 하고 있는지는 묻지 않겠습니다. 그럼 현장에 나갈 때 그런 정보를 가공해서 매일 가지고 가나요?

영업인 : 그렇게는 못하고 있습니다. 영업을 하다 보면 바빠서 정보를 가공하거나 들여다볼 시간조차 없거든요.

필 자 : 그렇군요. 그렇다면 현재의 방법으로 영업은 잘되나요?

영업인 : 잘 안 됩니다. 그래서 이런 질문을 하는 것 아닙니까?

필 자 : 많은 분들이 영업을 하러 가지만, 대부분 준비 없이 현장에 가기 때문에 노력 대비 결과가 좋게 나타나지 않는 겁니다. 영업을 할 때 현장을 간다는 것은 그동안 방문했던 곳을 가는 것이지 전혀 모르는 곳을 가는 것이 아닙니다. 따라서 방문할 곳에 대한 정보를 미리 준비한다는 것은 그리 어렵지 않을 텐데요. 아닌가요?

영업인 : 네, 맞습니다.

필 자 : 만약 영업 현장에 갈 때 그동안 몇 번 방문했는지, 고객들에 대한 외모나 복장 등 보고 들었던 모든 정보를 정리해서 간다면, 그것들은 고객들에게 질문할 때 사용할 수 있는 귀한 정보가 됩니다. 고객이 영업인의 말을 듣지 않으려는 이유 중 하나는 자신과 상관 없는 이야기를 하기 때문입니다. 하지만 아무리 작은 것이라도 자기와 상관이 있는 내용이라면 그냥 지나치지 않을 것입니다. 예를 들어, 그동안 일곱 번을 방문했어도 고객이 무관심하게 대했다면, 보험을 가입하라고 아무리 말해도 그는 들으려 하지 않을 것입니다. 그러나 다음과 같은 정보를 토대로 질문한다면 의외로 쉽게 공략할 수

도 있을 것입니다. "사장님은 참으로 대단하십니다. (가져온 서류를 뒤적거리면서) 3월부터 제가 이곳을 방문한 것만 벌써 일곱 번인데도 제게 눈길 한 번 주지 않으시네요? 영업하는 사람이 그렇게 미우세요? 아니면 제가 그렇게 미우신가요? 영업하는 사람은 꼭 계약을 해 줘야 감사한 것만은 아닙니다. 거절을 하도 많이 당하기에 따뜻한 표정이나 격려의 말 한마디만 해 줘도 얼마나 감사한지 모른답니다. 거기에 차라도 한잔 주시면 큰 힘이 되지요. 반가운 사람은 아니겠지만 다음에 올 때는 차 한잔 주십시오!' 라고 하면 고객이 뭐라고 할까요? 오히려 미안한 생각이 들겠죠. 그때는 더 이상 머무르지 말고 나오세요. 만약 그동안 방문한 내용을 정보로 가공하지 않았다면 그런 강력한 질문은 할 수가 없습니다.

영업인 : (침묵)

필　자 : 안 되는 방법을 고수하는 사람에게 뭐라고 하는지 아세요?

영업인 : 글쎄요? 뭐라고 하나요?

필　자 : 모르는 사람이 소신을 가지면 대책이 없다고 하는 겁니다. 말을 물가로 끌고 갈 수는 있어도 물을 강제로 마시게 할 수는 없습니다. 더 잘하고 싶다면 당장 실천하는 것이 다음 순서가 아닐까요?

　세밀한 고객 관리는 모든 영업의 토대이고, 기둥이며, 도면이다. 가공하여 관리하는 고객 정보는 영업 현장에서 단 한 번의 질문만으로도 고객을 코너로 몰거나 자신을 온전히 신뢰하도록 만드는 중요한 기초 자료가 된다. 그래서 영업 현장에 갈 때는 가공된 고객 정보를 가지고 나가라는 것이다.

전쟁터에 나가면서 무기와 적에 대한 정보를 가지고 나가지 않으면 비참하게 죽을 수밖에 없다. 영업이라는 전쟁터에서도 마찬가지다. 고객을 만나러 가면서 자신의 고객 정보를 가지고 나가지 않는다는 것은 거절을 감수하겠다는 행위와 크게 다를 바가 없다. 정보화 시대에 영업인들에게 가장 중요한 정보는 무엇보다도 고객 정보라는 것을 염두에 두기 바란다.

내면 세계를 업그레이드하라

당신은 현재 자신의 삶을 업그레이드하며 살아가고 있는가?

많은 사람들이 아마 건강이나 취업을 위해 교육을 받거나 자격증을 취득하면서 끊임없는 노력을 경주하고 있다고 말할 것이다. 하지만 정작 내면 세계를 업그레이드하며 살아가는 사람은 그리 많지 않을 것이다. 그 이유는 일반적으로 왜 그렇게 해야 하는지를 모르기 때문이다.

사람들은 책을 읽거나 강의를 듣는 등 지식 습득을 내면 세계를 업그레이드하는 것이라고 말하지만, 사실 그것들은 자기 계발과 같은 하드웨어의 업그레이드일 뿐, 정신 세계를 위한 소프트웨어의 업그레이드는 아니다. 지식이 많다거나 자격증이 많다는 것이 세상의 평가에서는 긍정적인 잣대로 사용되겠지만, 정신적인 삶에서 보자면 그런 것들은 오히려 걸림돌이 될 수도 있다.

내면 세계를 업그레이드하는 것이란 철저하게 정신적인 부분으로, 어떤 스펙이나 특별한 지식을 요구하는 것이 아니다. 그것은 오히려 평범한 생활 속에서 만들어 낼 수 있는 최면적 자기암시라고 볼 수 있다. 그렇기 때문에 방법만 이해한다면 의외로 쉽게 실천할 수 있다. 이것이 추상적이고 진부하다고 느껴지는가? 그렇다면 당신은 이미 내면 세계를 업그레이드하는 데 익숙하지 않은 99%의 사람군에 속한다고 볼 수 있다. 고정관념과 생각의 편식은 올바른 사고를 하는 데 매우 부정적인 역할을 하기 때문이다.

그렇다면 왜 내면 세계를 업그레이드하는 것이 어렵게만 느껴지는 것일까? 그것은 정신적 습관 때문이다. 지금까지 습관적으로 살아온 삶의 방식에 익숙하다 보니, 습관 속에 갇혀 지내던 자의적인 마음이 변화를 요구받자 두려움을 느끼는 것이다. 설령 어떤 기회를 통해 잠시 새로운 생각을 했다 하더라도 기존에 가지고 있는 내면의 기득권이 절대 허락하지 않는 것이다.

안주하려는 마음은 사실 무척 강력한 힘을 가지고 있다. 얼마나 강력한지 평소 부정적인 사고로 만든 전신 갑주를 입고 있어서 잠시라도 새로운 것이 다가오면 더 이상 그런 생각이 다가올 수 없도록 더욱 단단하게 스스로를 옭아맨다. 그래서 "세 살 버릇 여든 간다."고 말하는 것이고, "한번 아닌 사람은 끝까지 아니다.", "잘 모르는 사람이 소신을 가지면 대책이 없다."라고 말하는 지도 모른다.

따라서 우리는 내면 세계를 업그레이드하는 방법을 찾는 데 주력해야 한다. 그렇지 않으면 살면서 여러 어려움에 부딪혔을 때, 쉽게 무너질 수밖에 없다. 많은 사람들이 물질이나 탐욕으로부터 자유롭지 못한 이유가 바로 여기에 있다.

지금까지 내면 세계를 업그레이드해야 할 충분한 이유가 납득되었다면, 남은 과제는 무엇일까? 그것은 오직 실천하는 일뿐이다. 세상 모든 일은 사소한 생각에서 비롯된다. 사소한 생각이라도 무엇인가를 목표로 삼아 계획하고 있다면, 그 순간부터 거기에만 집중해야 한다. 그것이 바로 내면 세계의 업그레이드를 시작하는 순간이다.

내면 세계의 업그레이드는 무한한 가치이자 무한한 자원이다. 그렇게 보았을 때 이제부터 정작 중요한 것은 자신의 생각을 어떻게 기억하고 실천하느냐 하는 것이다.

지금 당신의 내면에서는 어떤 생각이 떠오르는가? 이 책은 바로 그에 대한 방향을 제시해 주고자 쓴 것이다. 그래야만 영업도 잘할 수 있고, 내면적으로도 풍요로운 삶을 살아갈 수 있다. 그 첫 번째 방법은 매일매일 실천 목표를 정해 놓고 동기를 부여하는 것이다. 그리고 두 번째 방법은 학창 시절에 시험이나 진학을 위해 열심히 공부했던 것처럼 자기 자신과 지속적으로 대화하는 것이다.

미래 사회는 분명히 내면 세계가 풍요로운 사람이 더 인정받는 세

상이 될 것이기 때문이다.

당신은 삶의 목표를 가지고 살아가는가?

당신은 일관적으로 추구하는 있는 목표가 있는가?

필자가 지금까지 만나 본 사람 중 98% 이상은 목표가 없었고, 목표가 있어도 그것을 이루고자 전력 질주하는 사람 또한 별로 만나 보지 못했다. 그것은 남녀노소는 물론 학력과 직업, 직급의 고하를 막론하고 얻어진 결과다.

필자가 지켜본 결과, 대부분의 사람들은 뚜렷한 삶의 목표를 정하지 못하고 마치 물 위에 떠 있는 낙엽처럼 현실을 부유하는 삶을 살아가고 있었다. 설령 목표가 있다고 말해도 그 말에는 생명력이 없었고, 있다 해도 급조해서 말한 탓에 대부분 확신 없는 태도로 마무리하는 것을 볼 수 있었다.

그것을 지켜보면서 필자는 자기 내면에서 생명력을 가지고 지속적으로 실천할 수 있는 동기부여 지침서를 만들어야겠다고 생각하고 이 책을 쓰기 시작했다. 세상에는 성공이나 자기 계발에 관한 책은 많지만, 생활 지침서처럼 내면 세계를 업그레이드하는 방법을 쉽게 설명한 책은 그리 많지 않다. 그렇기 때문에 새로운 영역을 개척한다는 마음으로 무모한 도전을 시작했다.

만약 누군가가 "흔들리지 않고 추구할 수 있는 목표가 당신에게는 있는가?"라고 묻는다면, 당신은 어떤 대답을 할 것인가? 당신은 "추구하는 목표는 없지만, 그래도 목표는 가져야 된다."고 뜬구름을 잡듯 말할 것인가? 아니면 "모두 다 그냥저냥 사는 것 아닌가?" 나 "그렇게까지 복잡하게 살아야 할 필요가 있을까?"라고 말하겠는가?

만약 그에 대한 답변이 긍정이 아닌 부정에 더 가깝다면 내면을 잘 돌보지 않는 그저 그런 사람이 되고 말 것이다. 그렇다면 흐르는 강물처럼 어차피 가야 하는 길을 가고 있기 때문에 생활에 대한 불만이 있더라도 절대 불평하지 않고 살아가야 한다.

당신은 성취만족成就滿足이란 말을 아는가? 성취만족이란 어떤 일을 목적한 바대로 이루어 낸 데서 오는 흐뭇함을 말한다. 성취감이란 목표를 향해 지속적으로 도전했을 때 얻어지는 것이다. 우연히 찾아온 성취는 그저 행운일 뿐 성취감이라는 단어를 사용할 수 없다.

그렇다면 당신은 앞으로 어떻게 살아가야 할까? 흔들리지 않고 추구할 수 있는 분명한 목표를 세우고, 이를 달성하기 위해 매일 매일 실천하는 삶을 살아야 한다. 그리고 원초적 능력 이상의 가치를 창출하기 위해서는 잠재된 내면의 힘을 하루빨리 깨워야만 한다.

당신은 현실적이고도 실현 가능한 인생의 목표가 있는가? 그 목표가 있다면 어떤 것인가? 진급인가? 만약 그렇다면 부장인가? 이사인가? 아니면 대표이사인가? 만약 당신이 진급을 원한다면 경쟁자와 경쟁을 해야 할 것이다. 경쟁을 해야 한다면 그들보다 앞서는 자신만의 장점은 무엇인가? 그것을 10가지만 적어 보라.

1)

2)

3)

4)

5)

6)

7)

8)

9)

10)

당신은 회사가 자신을 왜 진급시켜야 할지 그 이유에 대해 생각해 보았다. 중요한 것은 이것들이 실제 삶에서는 별로 필요가 없어 보일지 몰라도 조금만 더 높은 곳에서 바라보면 인생의 좌표, 즉 모든 일의 중심점이 된다는 사실이다. 진정으로 진급을 원한다면, 그에 맞는 다양하고도 구체적인 생각과 활동을 먼저 해야 한다. 또한 진급을 못하고 퇴직 이후에 어떤 일을 할 수 있을지도 함께 생각해야 한다.

필자는 당신이 어떤 목표를 가지고 실행을 계획하고 있다면, 얼마나 깊이 있는 생각을 하고 도전하고 있는지 한 번 묻고 싶다. 당신이 건물을 짓는다면, 무엇보다도 먼저 설계도를 그려야 할 것이다. 설계도도 없이 집을 짓는다는 것은 전문가라도 한계가 있다. 하물며 집 하나를 짓는 데도 설계도를 그리는데, 당신 삶이라는 커다란 집을 짓는 과정에서 인생의 설계도가 없다면 그것은 말이 되지 않는다. 무엇보다 당신은 그것부터 점검할 필요가 있다.

장·단기 목표를 설계하고, 실천하라

당신은 지금까지 자신이 어느 정도 의도한 대로 살아왔는가? 아니면 물 위에 부유하듯이 살아왔는가? 솔직히 어느 쪽인지 잘 모르겠는가? 만약 잘 모르겠다면, 그동안 필자가 살아온 삶과 비교해 보기 바란다.

독자들 가운데 대부분은 아마도 필자보다는 좋은 환경에서 살아왔을 것이다. 그 이유는 필자가 현대사회를 살아가는 조건에서 보자면, 남들보다 가진 장점이 많지 않았기 때문이다. 가정 환경이나, 학력, 재산, 직업, 키, 인물, 인간관계 등 모든 면에서 항상 남들보다 부족했다.

하지만 이런 조건에서도 한 가지 장점이 있었다면, 내면적인 성찰을 통해 부족한 환경을 뛰어넘고 본인이 의도하는 대로 삶을 살아왔다는 것이다. 필자가 생각하는 성공의 기준은 지나온 과거에 얽매이지 않고, 현재에 충실하면서 매사 자신이 세운 목표를 하나하나 이루면서 살아가는 것이다. 물질이나 명예는 영원한 것이 아니기에 성공과는 전혀 관계가 없다고 생각한다.

그래서 필자는 항상 스스로를 성공한 사람이라고 말한다. 학력도 물질도 권력도 없는 사람이 이렇게 책을 쓴다는 것 자체가 바로 그 증거라고 할 수 있다. 내면적인 성찰을 통해 필자 스스로 만들어 가고 있는 삶을 가감 없이 보여 준다면 당신의 이해가 좀 더 빠를 것이다.

지금부터 필자의 삶에 대해 적어 보겠다. 당신의 삶과 비교해 보며 당신은 자신이 처한 상황에서 어떻게 살아왔는가를 생각해 봐도 좋겠다.

필자는 1970년대 후반에야 전기가 들어온 충청도 홍성의 아주 작은 시골 마을에서 태어났다. 집안은 가난했고 농사를 지을 땅이 없어서 부모님은 소작농으로 살아야 했다. 필자는 그런 가정에서 5남매 중 장남으로 태어났다.

그렇다고 공부를 잘한 것도 아니어서 대학 진학은 꿈도 꿀 수 없었다. 이쯤에서 당신에게 질문을 하겠다.

1. 당신은 고등학교 졸업 때까지 어떤 삶을 살았는가?

2. 필자보다 힘든 삶을 살았는가?

1981년 2월, 고등학교를 졸업했지만 상업고등학교인지라 겨울 방학 이전부터 취업을 나갔다. 그때 처음으로 취업한 곳이 광천읍 내의 작은 서점이었다. 급여는 고작 월 5만 원에 불과했다. 장남으로서 책임감을 가지고 새벽부터 밤늦게까지 쉬지 않고 일했다. 하지만 일이 힘들다고 느껴지지 않았다. 지금 생각해보면 그 때만큼 고달팠던 적이 또 있었을까 싶지만, 그런 것을 생각할 겨를조차 없었다.

그리고 3개월 후 어린 나이에도 불구하고 무엇을 하면 미래에 돈을 벌 수 있을까 생각한 끝에 전산을 배워야겠다는 생각이 들었다. 그래서 마음속으로 결심을 하자마자 서점을 그만두고 무작정 서울로 상경했다. 초등학교 3학년 때 외할머니와 딱 한 번 와 봤던 서울을 시골 촌놈이 혼자서 올라왔으니 얼마나 어려운 결정이었겠는가?

자, 그럼 지금부터 필자가 살아온 날들을 구구절절 한 번 적어 보겠다.

■충남 홍성군 장곡면 오성리 출생

■충남 홍성군 장곡면 오서초등학교 졸업

■충남 광천 광흥중학교 졸업

■충남 광천 광천상업고등학교 졸업

■초 · 중 · 고등학교 12년 개근상 수상

■ 합기도 2단, 태권도 1단, 주산 3단(대한 기능 검정)

■ 가난으로 고등학교 3년 동안 도시락을 여섯 번 가져감

■ 취직할 곳이 없고, 책이 좋아 충남 광천에 있는 서점 '학우사'에서 점원 생활 3개월

■ 981년 3월 서울 상경

■ 이대 입구에 있는 '중앙전산학원' 1년 과정 수료(150기)

■ 우이동 4.19탑 사거리에 있는 독서실에서 1년간 앉아서 자며 라면으로 식사 해결. 가끔 부잣집에 배달 온 우유를 훔쳐 먹음

■ 독서실 생활 시 신문 배달로 용돈 및 학원비 조달

■ 생년월일이 늦어 군대에 지원하지 못하고 술집 종업원으로 취직(신촌역 앞 '약속' 맥줏집)

■ 카페에 취업(신촌역 앞 '바퀴'에서 DJ, 주방 보조, 바텐더 겸함. 칵테일 제조 등을 배움)

■ 소개로 하루에 150장의 연탄을 가는 것으로 요정 생활 시작. 인사동 '송죽', 광화문 '아담', 안암동 '청조', 서대문 '거북' 등을 거쳐 아가씨 120명을 관리하는 준지배인으로 화류계 마감

■ 마포 '삼성경리학원'에서 월급 10만 원으로 주산 강사 시작

■ 국내 최초 '한국능력주산강사 연수원' 설립

■ 충정로 종근당 빌딩 건너편에 '대희주산교습소' 설립

■ 육군 1종 갑 현역 입대. 광주 상무대에서 경리병과로 만기 제대

■ 군대 생활하며 '대희주산교습소' 운영. 병장 초기에 매도

- 영화사인 '우진필름' 과 '시네하우스' (대표: 정진우 감독)에 경리 담당으로 취업

- 포천 일동의 8천 평 대지에 김치공장 건축 시 경리 책임자로 스카우트 됨. 공장 건설 완공

- 군 입대 후 매도했던 '대희주산교습소' 인수

- 학원 확대로 등촌동 '등촌경리학원' 인수

- 포천 일동 회사에서 만난 아내와 결혼. 현재 1남 1녀

- 자녀에게 풍성한 장난감을 주기 위해 등촌시장에 '한아름 완구백화점' 오픈

- 자녀의 조기교육을 위해 국내 최초의 사설 어린이 놀이방 개설 운영

- 미래 학원계의 흐름을 예측하여 어학시설 보급을 목표로 92년 '하나로 시스템' 설립

- 국내 최초로 저가형 어학시설 개발 특허 출원

- 학원에 5인치 CCTV 본격 설치 및 광고

- 모든 제품 가격 공개 실시

- 논술의 중요성으로 글짓기 교재 학원에 본격 납품

- 최초로 과학실험 탐구교실 학원에 보급 시작

- 6개의 각종 특허 출원

- 목3동에 대형 보습학원인 '문학학원' 개원

- 1997년 5월 26일 2억 7천만 원 부도

- 부도수표 40장 100% 회수. 형사 고발 자동 면책

- 회사 정상 운영. 직원들의 자발적인 무보수 업무 실시

■ 부도 후에도 약속을 이행해 일 년에 한 번씩 전 직원 해외 연수 실시

■ IMF 시대에 국내 최초의 실직자 쉼터인 목동의 'IMF 모임터' 개설

■ 2천 4백만 원을 투자해 종교단체, 경실련, 시민단체, 지자체 등과 함께 전
국에 실직자들을 위한 1,000여 개의 실직자 쉼터 개설

■ 국내 최초로 '전국 실직자 대책협의회' 를 만들고 회장 역임(매일경제신문
98년 3월 11일자 참조)

■ 실업 문제를 전문적으로 연구하는 'IMF 실업경제연구소' 개원

■ KBS '일자리를 찾아줍시다' , MBC '일자리를 주세요' , 매일경제TV '영
상 이력서' 출연 및 노숙자 합숙소, 한 교회 한 실직자 취업시키기 운동인
'1+1 운동' , 통신상 '사이버 모임터' 등 수많은 정책 개발. IMF 시대를 맞
아 범국가적 실업 문제에 관한 한 최고의 전문가로 자타 공인 자리매김

■ KBS 라디오 '다큐멘터리 이 사람에' 한 시간 분량 소개

■ 일본 NHK-TV에서 17일간 밀착 취재 방송 보도

■ 목동의 'IMF 모임터' 에 약 6,900여 명이 다녀가고, 직접 취업시킨 인원만
약 200여 명. '싸이버 모임터' 를 개설하여 200만 명이 넘는 실직자들에게
희망과 용기를 주고, 천리안, 하이텔, 나우누리, 유니텔 등에 개설된 홈페
이지를 통해 월 평균 일 만 명이 넘는 이용자를 탄생시킴

■ 각종 언론 보도 및 TV, 칼럼 등 500회 이상 보도

■ 1998년 '양천구를 빛낸 자랑스러운 양천인상' 수상

■ 김대중 대통령 취임식 특별 초청 및 1999년 12월 24일 청와대에서 김대중
대통령과 오찬

■ 컨설팅 및 마케팅 기획가로 활동하며 대학교, 노동부, 각종 단체, 교회 등에 다양한 프로그램으로 강의 및 간증 집회, 세미나 진행

■ 저서 『위기를 기회로』(예문당), 『실패도 주님의 사역입니다』(엘맨출판사), 『만약 내 삶이 3일밖에 남지 않았다면』(엘맨), 『영업의 꽃은 보험 영업이다』(호이테북스), 『상위 1%가 되는 보험 세일즈의 비결』(호이테북스) 출간

■ 종교 : 기독교, 1993년 3월16일 주님 영접

■ 주량 및 흡연 : 과거에 최고 소주 6병, 생맥주 8,000CC. 현재는 전혀 못 마심. 담배는 초등학교 때 친구들과 약속으로 안 배움

■ 2011년 8월 헌혈 64회로 헌혈 금장포장 수상

■ 2000년 16대 총선(국회의원) 양천(갑) 출마를 준비했으나, 출마 직전 사정상 포기

■ 2000년 3월 1일부터 10일까지 총선 불출마 선언으로 후원자들께 사죄의 의미로 부산에서 서울까지 단독 국토종단 완주

■ 2008년 5월 30일 (주)인슈첵크 설립

■ 전) 한국국정일보 자문위원 역임

■ 2009년 10월 교육과학기술부 산하 (사)한국강사협회 전문 강사 등록

■ 2009년 12월 (주)인슈첵크 세일즈연구소 개원

■ 2010년 1월 교육과학기술부 산하 (사)한국강사협회 명강사과정 수료

■ 2010년 10월 한국HRD협회 창간 20주년 이달의 강사 선정

■ 2010년 12월 22일일 홍천우체국 강의

■ 현재까지 기업체 및 보험사 영업 관련 강의 200회 이상 실시

- 2011년 5월 23일 현대해상 칠곡지역단 강의
- 2011년 7월 5일 현대해상 강북지역단 합동조회 강의
- 2012년 10월 5일, 12일 삼상화재 세일즈 명인 2회 강의
- 2014년 1월 17일 MG손해보험 전국지점장 교육
- 2014년 1월 현재 총 고객 숫자 61,000명
- 현재 (주)인슈첵크당산과 인슈첵크 세일즈연구소 대표

앞의 내용에서 본 것처럼 필자가 지금까지 살아온 과정은 결코 순탄하지 않았다. 하지만 항상 위기 때마다 피하지 않고 목표를 향해 정면으로 돌파했다. 그 결과 현재의 철학과 모습, 상황이 만들어진 것이다. 전쟁이 영웅을 만들고, 어려울수록 기회는 많아진다고 하지 않는가. 그 변치 않는 진리를 믿었기에 오늘이 있는 것이다.

필자라고 살아온 과정이 왜 힘들지 않았겠는가? 하지만 그 모든 것을 이겨 낼 수 있었던 것은, 신앙의 힘과 내면 세계를 단단히 다져 왔기 때문이다. 그래서 성공의 기준을 '오늘 이 순간에 최선을 다했는가'로 삼는 것이다.

매번 창조주께 감사한 것은, 인간의 행복은 엄청난 배경이 아닌 바로 지금 이 순간의 삶에 행복을 느끼며 살도록 만드셨다는 점이다. 그래서 물질적으로 가난한 사람들도 행복하다고 말할 수 있는 것이고, 엄청난 권력을 가졌거나 억만장자라도 사소한 일에 고통

받으며 불행함 속에서 살아가기도 한다. 당신은 어떤가? 지금 행복한가? 혹시 불행하다고 여기지는 않는가? 어쨌든 당신은 현실이라는 땅 위에 발을 딛고 서 있고, 거기서 분주히 자신의 목표를 향해 뛰어야 한다.

영업의 씨앗을 뿌려라

당신은 다른 사람에게 물질이나 정신적으로 도움을 주는 사람인가? 아니면 받는 사람인가? 만약 도움을 받는 쪽에 가깝다면 성공과는 아직 거리가 멀다고 보아야 한다. 성공의 원칙은 의외로 단순하다. 먼저 사람들에게 베풀면 된다.

하지만 대다수의 사람들은 당장 눈에 보이는 것을 좇아 먼 길을 돌아간다. 그 이유는 내 것을 남에게 주면 무조건 손해라는 심리, 남의 것을 받아야만 이익이라는 유아적인 생각에서 벗어나지 못하기 때문이다.

일반적으로 사람들은 다른 사람에게 무언가를 주면 무조건 손해라고 생각하는 경향이 있다. 그러나 무언가가 내 손을 떠날 때 비로소 새로운 것을 얻을 수 있다는 사실은 간과하고 있다. 생각해 보라. 먹을 쌀이 없다고 씨앗으로 뿌릴 한 톨의 볍씨마저 다 먹어 치운다면 거둬들일 곡식은 없을 것이다. 마찬가지로 잔칫날 들어올 돈만 생각하고 베풀 음식을 소홀히 한다면, 그 집을 찾는 손님은 점점 줄어들 것이다.

필자는 1997년 IMF 당시 3억 원 가량이 부도났음에도 불구하고 무료 봉사단체인 '실직자 쉼터'를 국내 최초로 만들어 운영했고, 쉼터에 출입하는 사람들과 함께 하고자 전 재산인 전셋돈 보증금 3천만 원 중 2천 400만 원을 실직자들과 동고동락하며 사용했다.

그뿐 아니라 보험 법인대리점을 설립한 2007년 10월부터 5년간 세 시간씩 전국에 있는 보험 설계사들을 대상으로 무료로 영업 강의를 해 주었다. 게다가 강의가 있던 매주 토요일마다 전국 각지에서 찾아온 20~30명의 보험 설계사들에게 일인당 만 원 정도의 식사도 무료로 제공했다.

당시에는 지금처럼 성장한 회사가 아니었기에 물질적인 부담도 많았다. 하지만 결과적으로 볼 때, 그때 그분들과의 인연으로 필자의 회사가 여기까지 올 수 있었다. 그런데 놀라운 것은 필자에게 무료로 배운 사람들보다 조건 없이 교육해 주고 식사를 제공했던 필자가 그들에게서 더 많은 혜택을 받았다는 것이다. 대표적인 예로 이렇게 한 권의 책 속에 한 줄의 글을 적을 수 있는 것도 당시의 경험이 있었기 때문이고, 필자가 조건 없이 나누고 가르치다 보니 오히려 에너지가 생겨 지치지 않았으며, 그때의 경험이 원동력이 되어 영업 전문 서적을 세 권이나 출판하고 전문 강사까지 되었다.

그때 만약 교육생들에게 식사 대접할 돈으로 회사의 성장을 위해 광고비로 사용했다면 현재와 같은 결과를 얻을 수 있었을까? 아마도 불가능했을 것이다. 이론적으로 생각하면 매주 많은 돈을 지출했기에 손해를 봤어야 하는 것이 정상이다. 하지만 조건 없이 베풀었기에 오히려 상상 이상의 도움을 받았다. 만약 혼자만 살고자 실직자들에게 베풀지 않았거나 보험 설계사들에게 무료 교육을 해 주지 않았다면 지금처럼 경제적 회복도 못하고 외로운 마음에 쓰러져 벌써 영업을 포기했을 것이다.

회사를 운영하면서 회사에 출입하는 설계사들을 자세히 지켜보면, 영업을 잘하는 사람과 못하는 사람을 확연히 구별할 수 있다. 영업을 못하는 사람들의 공통점은 타인의 일에는 전혀 관심이 없거나 신경을 쓰지 않으며, 다른 사람에게 잠시의 시간도 허락하지 않는 경향이 있다. 그러나 영업을 잘하는 사람들을 보면 모르는 사람이라도 도움이 필요해 보이면 적극적으로 다가가 도와준다.

참으로 신기한 것은 자기 시간을 빼앗기면 손해일 텐데 그런 이들은 모두 성공 가도를 달리고 있고, 자기 것을 행여 빼앗길까 두려워 꽉 움켜쥔 사람들은 항상 힘든 삶을 살아간다는 것이다. 돈을 벌고 싶거나 사회적으로 성공하기를 원하는가? 그렇다면 당신은 베푸는 방법을 모색하고 실천해야 한다. 그러기 위해서는 먼저 조건 없이 베푸는 것에 대해 배워야 한다. 그리고 무엇을 어떻게 베풀 것인지, 언제부터 시작할 것인지를 생각해야 한다.

　필자의 경험으로 봤을 때 조건 없이 베풀면 분명 100배 이상으로 돌아온다. 세상사 베푸는 자를 이길 장사가 없다고 했다. 하지만 무조건 베푼다고 능사는 아니다. 베푸는 데도 연습이 필요하다. 그리고 어차피 베풀 것이라면 넘치도록 베풀어라. 베풀 때나 제안할 때 인색하게 하지 말고 과감하게 하라. 그것이 처음에는 쉽지 않겠지만 결국은 자신에게 몇 배가 되어 돌아오는 축복이 될 것이다.

'40원짜리 영업'을 행하라

그동안 필자는 '40원짜리 영업'으로 영업의 또 다른 세계를 만들어 왔다. '40원짜리 영업'이란 다름 아닌 문자로 하는 영업을 말한다. 한 건당 40원 하는 2천 바이트짜리 장문 문자를 활용한 영업은 글자 수로는 최대 천 자, A4 용지로는 한 장 정도 되는 용량이다. 필자가 '40원짜리 영업'을 하게 된 것은 매우 단순한 계기에서 비롯되었다.

몇 년 전 필자는 한 달에 최고 187건의 장기보험을 계약한 적이 있었다. 한달 평균 70~80건씩 계약은 해 봤지만 그때는 과도하게 많은 계약 때문에 오히려 계약서를 받는 것이 두려울 정도였다. 일반적으로 생각한다면 말도 안 되는 소리로 들릴 것이다. 하지만 부인할 수 없는 현실이었고, 그 당시 계약이 주는 압박감은 상상 이상으로 컸다. 남들은 행복한 비명이라고 했지만, 전화를 받고 상담을 하고 방문을 하고 가입 설계서를 출력해 다시 방문하거나 팩스, 이메일 등으로 보내고, 계약하겠다고 하면 다시 청약서를 출력해 인수 심의를 한 후 서명을 받고 증권까지 전달한다는 것은 그리 녹록한 일이 아니었다.

만약 신속하게 해 주지 않으면 불친절하다거나 무관심하다고 할까 봐 매 건마다 신경을 두 배로 썼다. 한 달에 187건의 계약을 받으면 돈도 많이 벌고 정말 신났겠다고 말하겠지만, 그것을 즐길 여유조차 없었다. 그다음부터는 고객들의 계약하자는 말이 두려워질 정도였다.

그렇다면 어떻게 그렇게 많은 계약을 받아 낼 수 있었을까? 완벽한 고객 관리가 만들어 낸 결과라고밖에는 달리 설명할 길이 없다. 5년 이상을 한 달에 한 번 수기로 주소를 적고, 요금 별납이 아닌 우표로 붙이고, 보험 정보와 정성이 담긴 우편물을 발송했다. 그리고 일주일에 2회 이상 보험 관련 문자를 발송하고 틈날 때마다 지속적으로 개척과 고객 방문을 했기에 가능했던 것이다. 또한 국내 손해보험사별 최고의 보장 담보를 선별하여 고객에게 제안했던 것도 적중했다.

비록 187건 중 2건이 해지되었지만, 185건의 계약을 받고 난 후 필자는 직접 영업을 하지 않기로 했다. 왜냐하면 그때부터 계약하자는 말이 너무도 무섭고 두려웠기 때문이다. 그 후 대부분의 계약을 동료 설계사들에게 조건 없이 넘겨주었다.

　그렇게 영업에서 한발 물러나 몇 년이란 시간이 흘렀다. 어느 날 강의와 교육을 하다가 마치 필자 자신이 현실의 인물이 아닌 위인전에 등장하는 이들처럼 미화되고 있다고 느꼈다. 그래서 현장에서 다시 영업을 해야겠다고 결심했다. 하지만 영업 방향을 바꿨다.

　나이를 고려해 개척 영업을 하기보다는 동시에 많은 사람들을 만나면서 결과도 얻을 수 있는 문자 영업에 집중하기로 했다. 특히 영업에 도움이 될 만한 협력자를 만드는 쪽에 목적을 두고 적절한 직업과 대상자를 찾기로 했다. 보험과 관계된 직업을 우선적으로 선택하다 보니 적절한 직업과 대상자를 찾기란 쉽지 않았다.

　그러던 어느 날. 한 중고차 딜러 분이 중고차를 판매하면서 보험을 소개해 준다고 연락을 해왔다. 계약을 하고 나니 '중고차를 대상으로 영업을 하면 좋겠구나!'라는 생각이 들었다. 그래서 본격적으로 중고차를 대상으로 영업을 시작했다. 하지만 막상 해 보니 단기 계약이 너무 많았고, 청약 시간을 재촉하는 바람에 직원을 투입하다 보니 손익분기점에 문제가 생겨 포기를 결정했다.

　그러면서 문득 떠오른 생각이 '자동차 딜러들을 공략하면 어떨까?'였다. 그래서 알아보았더니 많은 사람들이 자동차 딜러들은 영업의 달인들이고, 이미 거래하는 곳과 신의가 두터워 철옹성처럼 느껴질 것이라고 자문해 줬다. 그 말을 듣고 보니 '그 분야도 힘들겠구나!'라는 생각이 엄습해 왔다.

하지만 한편으로는 매번 강의를 할 때마다 "안 되는 것을 되게 끔 만드는 것이 영업이다."라고 말했던 스스로의 말이 떠올랐다. 2011년 3월, 다시금 용기를 내서 사전조사를 했다. 자동차 딜러를 영업 대상으로 정하자, 그들에게 어떻게 접근할지가 또 다른 숙제로 대두되었다. 전국에 흩어져 있는 자동차 딜러들을 어떻게 만날 것이며, 지역은 어디까지로 할 것인지, 어떻게 해야 그들의 신뢰를 얻을 수 있을지, 중점적으로 홍보할 내용은 무엇인지 고민은 점점 더 늘어만 갔다. 게다가 현대, 기아, 쌍용, 쉐보레, 르노삼성, BMW, 벤츠, 렉서스, 포드, 아우디, 혼다 등 수많은 자동차 회사 중 어디서부터 집중적으로 공략해야 할지도 고민이었다.

그렇게 시작을 결정하고 나서는 과거에 영업했을 때 가장 잘 통했던 영업 제안서를 만들어 현장을 직접 방문하기로 했다. 우선 300여 권의 제안서를 만들어 2011년 4월 초부터 사무실 가까이에 있는 서울 강서구와 양천구의 모든 자동차 영업소를 방문하기 시작했다.

그런데 영업의 본질이 거절인지라 처음으로 들른 곳부터 만만 찮았다. 첫 번째는 영업 사원들이 없었다. 그 이유는 아침 조회 후 대부분이 영업을 하러 사무실을 나갔기 때문이다. 두 번째는 규모 있는 자동차 영업소에는 보험 법인 대리점들이 상주하고 있었기에 인사조차 할 수 없었다. 오랫동안 함께해 온 거래처를 버리고 생면부지인 사람에게 관심을 가져 줄 사람이 없는 것은 당연했다. 세 번째는 시간적인 한계였다. 자동차 대리점은 도로의 요지에 있었기 때문에 주차할 곳도 마땅찮았고, 잠시만 떠나 있으면 불법 주차 스티커가 부착되기 일쑤였다. 네 번째는 재방문할 때 어떻게 영업을 하고, 전국 그 많은 곳을 어떻게 다닐 것인지도 문제였다. 다섯 번째는 명함을 주는 사람이 불과 30%도 되지 않았다.

대략 난감 그 자체였다. 그렇다고 포기한다면 그동안 개척 영업을 하라고 말했던 모든 영업 교육이 거짓임을 스스로 증명하는 것이기에 포기할 수도 없었다. 퇴로 없는 막다른 길 앞에 서 있는 느낌이었다. 어떤 목표가 생기면 조회시간이나 강의 중에 또는 사람을 만날 때마다 무조건 공개하는 탓에 그 모든 것을 부정하는 포기란 있을 수 없었다.

2011년 4월 초에도 이에 대해 조회시간에 발표한 후 질문을 받는데, 한 설계사가 "말한 대로 못하면 어떻게 할 겁니까?"라고 물어왔다. '그렇게 쉽지 않을 텐데. 생각대로 안 되면 창피해서 어떻게 하느냐!'라고 말하는 것처럼 들렸다. 그도 그럴 것이 아무런 정보도 없이 영업 첫해, 즉 2011년 4월 초부터 2011년 말까지 300명의 딜러를 확보하고, 2013년 말까지 천 명의 딜러를 만들겠다고 호언장담을 했으니, 어쩌면 당연한 질문이었다.

그래서 필자는 이렇게 답했다.

"오늘을 잊지 말고 잘 기억하시라. 반드시 이룰 것입니다."

자신 있게 발표는 했지만 막연한 것은 어쩔 수 없었다. 오로지 믿을 것이라곤 출간했던 저서 『영업의 꽃은 보험 영업이다』와 『상위 1%가 되는 보험 세일즈의 비결』의 내용을 그대로 실천하는 것뿐이었다.

오랜만에 현장에 나가는지라 한순간 긴장되고 떨리기까지 했다. 하지만 한 곳 한 곳 들를 때마다 가능성도 느껴졌다. 그렇게 방문하며 받은 명함은 한 영업소당 3~4개 정도. 그것도 감사했다. 한 자동차 판매점을 방문해 한 사람에게 제안서를 지급하고 나오기까지의 시간을 1초로 정했다. 다시 말해 속도전으로 승부를 보겠다는 심산이었다. 그렇게 하지 않으면 주차 위반이나 시간적인 한계로 많은 곳을 들를 수가 없었다. 그렇게 강서구, 양천구, 구로구, 영등포구, 안양, 마포구, 은평구, 능곡, 일산 지역을 거치면서 경험도 점점 쌓여 갔다.

그러던 4월 중순 어느 날, 경기도 능곡을 지날 때쯤이었다. 이렇게 해서는 도저히 답이 없을 것만 같은 불안감이 엄습했다. 차량 유지비에 자동차 영업소를 이리저리 찾아다니다 보면 사고 위험 또한 무시할 수가 없었다.

'한 번에 전국적으로 영업할 수 있는 방법은 없을까? 하는 생각이 들었다. 그러려면 획기적인 영업 방법을 찾아야만 할 것 같았다. 그러다가 문득 '전국에 있는 자동차 딜러들의 연락처만 알아낸다면 가능할 텐데.'라는 생각이 들었다.

세상의 모든 일이 알고 나면 쉽지만, 그전까지는 그렇게 어려울 수가 없다. 가장 쉽게 접근할 수 있는 것은 인터넷이었다. 인터넷을 검색하자 수많은 딜러들의 연락처가 나타났다. 인터넷에 자신을 직접 광고한 것이기에 연락해도 특별히 문제는 없어 보였다.

정성 들여 하나하나 연락처를 옮겨 적고, 100여 개의 문자를 발송했다. 거절하는 사람도 많았지만 몇 사람이 반응을 보이기 시작했다. 오랜 가뭄 끝에 만나는 단비였다. 그리고 더 확실한 방법을 찾고자 자동차 회사 사이트를 검색하자 놀라지 않을 수가 없었다. 등잔 밑이 어둡다더니, 그곳엔 그토록 찾아 헤매던 자동차 지점, 영업소, 판매점의 주소와 딜러들의 연락처가 줄줄이 기다리고 있었다.

그런데 문제가 있었다. 이 많은 연락처를 모두 어떻게 입력한단 말인가. 대충 계산해 봐도 전국에 있는 딜러의 수는 2만 명이 넘어 보였다. 처음에는 일일이 수작업을 했지만, 나중엔 아르바이트를 고용해 작업을 시켰다. 그렇게 정리하고 보니 2만 4천여 명의 연락처가 문자 주소록에 등록되었다. 현장 방문을 했을 때 거절이 많았던 특정 자동차 회사와 몇 개 지역을 제외하고 전국에 있는 딜러들의 연락처는 거의 확보한 것과 다름없었다.

그러나 연락처는 정리했어도 막상 그들 모두에게 개별적으로 연락한다는 것은 엄두가 나지 않았다. 그래서 인쇄소로 달려가 중철로 된 제안서를 2만 7천 개가량 만들었다. 한 영업소당 1장의 제안서를 생각한 것이다. 그러고 나서 봉투에 담아 모든 자동차 영업소에 택배로 발송했다. 제안서 내용은 딜러 자신의 자동차 보험을 가입해 달라는 것과 신차를 판매하면서 고객을 소개해 달라는 것이었다. 어차피 자동차 딜러의 99%는 설계사 자격이 없기 때문에 소개받아 업무를 처리해 주고, 인슈첵크는 그 고객을 보험 가망고객으로 삼아 딜러들 대신 고객을 관리해 주는 상생의 방법이었다.

이렇듯 야심 차게 시작했지만 초기에는 노력의 결과가 그리 좋지는 않았다. 그 이유는 영업소 대표들이 수령한 우편물을 딜러들에게 나눠 주지 않았기 때문이다. 너무 쉽게 접근한 것이 문제였을까? 또 다른 문제에 봉착한 것이었다. 그래서 이번에는 딜러들 각각에게 40원짜리 장문 문자를 발송해 보기로 했다.

처음에는 한 회사에만 발송했다. 그리고 9월부터는 모든 자동차 회사에 발송했다. 할인 없이 50원씩 비용이 발생했기 때문에 1회 발송비만 무려 100만 원 이상이 소요됐다. 그런데 생각했던 것보다 더 큰 문제가 발생했다. 문자를 거절하는 건수가 너무 많아 수습이 힘들 정도였다.

그래서 문자를 거절하는 모든 사람들에게 "영업상 동의 없는 문자로 불편을 끼쳐 드린 점 사과드립니다. 삭제 완료. 인슈첵크 이성희 올림."이라고 답하면서 거절 내용을 빠짐없이 기록하고 정리해 나갔다. 영업 일에 정말 쉬운 것은 하나도 없었다. 그때 특히 기억에 남는 에피소드가 있다. 단체 문자를 발송하고 나서 동시에 70명에게 항의를 받은 것이다. 나름대로 생각해서 퇴근 시간 이후에 보냈음에도 불구하고, 단체 연수 중이었던 70명의 휴대폰이 동시에 울렸던 것이다. 나중에 교육 강사가 전화를 걸어 와서 알게 된 사실이지만, 교육생들에게 "영업은 이렇게 하는 거야!"라는 말로 정리했다고 한다.

그 이후로도 매순간 긴장의 연속이었지만, 상상 이상의 결과 또한 이루어져 가고 있다. 그렇게 시작한 영업의 결과는 다음과 같다. 2011년 4월 초 시작해 2011년 11월 13일까지 573명이 연락을 주셨다. 2011년 12월 말까지 데이터도 없이 추산했던 300명이라는 목표를 이미 훌쩍 넘긴 것이다.

그리고 그 숫자가 2014년 8월에는 2천 5백 명을 넘어섰으며, 2016년까지는 1만 명을 목표로 하고 있다. 또한 그들에게 설계사 시험을 치르게 하여 3천 명의 설계사를 양성할 예정이다. 이대로 나간다면 충분히 달성이 가능하리라. 더욱 중요한 것은 지금은 현장에 직접 가지 않고도 사무실에 앉아서 협력자를 만들어 가고 있다는 사실이다.

절대 조급해하거나 서두르지 마라

'욕속부달欲速不達'이라는 사자성어는 영업인은 물론 누구나 세상을 살아가면서 가슴속 깊이 새겨야 할 말이다. 욕속부달은 『논어』의 〈자로〉 편에 등장하는 말로, 서두르면 오히려 목적을 이루지 못한다는 뜻이다.

사실 어떤 일을 하든지 간에 급하지 않은 것은 없다. 돈을 버는 것이나 진급, 자녀 교육 등 어느 것 하나 서두르고 싶지 않은 것이 있겠는가. 하지만 영업을 하는 사람이라면 서두르는 것의 목적이 나를 위한 것인지, 고객을 위한 것인지를 분별해 항상 올바른 판단을 할 수 있어야 한다.

필자는 독자로서 찾아온 40대 초반의 남자 설계사 한 분과 함께 일한 적이 있다. 그분은 국내 최고의 대학교를 졸업했고, 모든 면에서 다재다능한 사람으로 능력과 열정을 모두 겸비한 사람이었다. 어느 누구도 그가 보험 영업을 잘 못할 것이라고 생각하는 사람은 없었다. 실제로도 영업을 잘했고, 인맥도 비교적 좋은 편이었기 때문이다.

그런데 어느 순간부터 매사에 서두르는 모습을 자주 보이기 시작했다. 그의 외형적 능력에 비해 실적이 적게 나오는 것도 알 수 있었다. 그래서 자세한 내막을 알아보고자 그에게 상담을 요청했다. 대화를 하면서 그가 뭔가를 의도적으로 감추려 한다는 것을 느낄 수 있었다. 그가 서두르는 이유는 다음과 같았다.

자신은 국내 최고의 대학을 졸업하고 원하는 대기업에 취업했지만, 급여만으로는 설정한 목표가 너무도 멀게만 느껴져, 아내 몰래 주식 투자를 했다고 한다. 운이 좋아 반짝 수익도 났지만, 욕심이 생겨서 증권사에서 단기 신용을 받아 주식 투자를 했는데, 한순간 깡통 계좌가 되었다고 한다. 그 이후로 삶의 의욕도 사라졌고, 얼마 후 회사를 나왔다는 것이었다.

최대한 빨리 많은 돈을 벌 수 있는 일이 무엇인가를 고민하던 중, 직장에 다닐 때 가끔씩 자신을 찾아왔던 한 여자 설계사에게 연락이 와서 만났다고 한다. 그녀에게서 보험을 하면 자본금 없이도 돈을 많이 벌 수 있다는 말을 듣고 보험회사에 들어왔고, 처음엔 영업이 좀 됐는데 지금은 생각처럼 잘 안 된다고 했다.

듣고 보니 충분히 그럴 수 있겠다는 생각이 들었다. 어쩌면 필자가 부도났을 당시와 비슷한 심경이겠다는 생각도 들었다. 그래서 좀 더 대화를 나누고자 사무실을 나와 당산역 근처에 있는 곱창 집으로 자리를 옮겨 이야기를 계속 나눴다. 그는 술잔을 비우기가 무섭게 한을 풀어내듯 말을 이어 갔다.

그는 자신이 살아온 이야기부터 가정적인 문제, 본인이 이루고자 했던 꿈이 너무도 쉽게 무너져 이제는 희망을 찾기엔 힘에 부친다는 말까지 술술 털어놓았다. 좋은 대학을 나왔기에 주위 이목도 있어서 나름 생각한 것이 외국계 보험사에서 일하는 것이었다. 그래서 처음에는 의욕도 있었지만 이젠 힘들고 마음이 너무 답답하다고 했다. 계약 하나를 받는데 이렇게 긴 시간을 투자해서 언제 돈을 벌 것이며, 계약이 없으면 불안해서 시간을 보낼 수가 없다고 했다.

그래서 이곳저곳 물어보며 해결 방법을 고민하던 중, 자동차 보험을 처리하는 손해보험 쪽에서 일하면 좋겠다는 생각이 들었다고 했다. 크든 작든 자동차 보험은 매일 계약은 할 수 있어서 잡다한 생각이 사라질 것 같아 손해보험 쪽으로 일단 옮기고자 마음먹고 서점에서 책을 사 보고 필자를 찾아왔다는 것이다. 그러면서 나이는 점점 먹고, 빚은 갚아야 하고, 자녀들은 커 가서 돈을 벌 수 있는 시간이 있을지도 모르겠다며 이 일도 자신의 적성은 아닌 것 같다고 했다.

말을 하다 보니 어느새 그는 취기가 오른 듯했다. 그는 자신의 이야기를 들어 주고 함께해 줘서 고맙다며 미안하다는 말을 남기고 헤어짐의 악수가 채 끝나기도 전에 홀연히 지하철 입구로 사라졌다. 그리고 3일이 지난 후 그가 아이스크림과 과일 등을 사 가지고 다시 찾아왔다. 외형적으로 봤을 때 이전보다 훨씬 여유로워 보였다.

'역시 남자들은 술잔을 맞대고 대화를 해야 하는가?'라고 생각할 쯤이었다. 그가 내 방으로 오더니 "앞으로 자신을 좀 코칭해 달라."고 진지하게 부탁했다. 그동안 여러 책을 사서 읽고 이곳저곳을 찾아다녀 봤지만, 필자가 가장 믿음직스럽고 과거에 영업을 잘했다는 저자들은 많아도 책 내용대로 실천하며 현재도 영업을 하고 있는 사람은 필자 밖에 없었다며, 그런 내게 무엇인가를 듣고 싶어 찾아왔다고 했다.

그래서 필자는 그에게 차근차근 생각해 왔던 이야기를 전해 줬다. 그중 가장 중요한 핵심은 욕속부달, 즉 서두르면 목표에 도달할 수 없다는 내용이었다. 영업은 기다림의 미학이며, 오래 기다릴수록 더 멀리 갈 수 있다는 것은 진리다. "만약 서두른다고 잘될 것 같으면 이루지 못할 사람이 어디 있을 것이며, 걱정한다고 잘될 것 같으면 신용으로 매입해서 보유한 주식이 하한가를 기록하며 폭락했을 때 잠도 안 자고 걱정을 많이 했다면 주식이 오르지 않았겠습니까?'라고 했더니 그는 크게 웃으며 더 이상 할 말이 없다고 했다.

다음은 필자가 그에게 조언한 내용을 요약한 것이다.

실제로 보험 영업에선 서두른다고 절대 멀리 가거나 더 잘되는 일은 없다. 가망고객, 즉 자신의 양식장 안에 있는 물고기들을 잘 관리하다 보면 언젠가는 키워서 상품으로 사용할 수 있지만, 아직 성장하지도 않은 치어를 상품으로 팔려고 잡았다 놨다를 반복하면 스트레스를 받아 죽게 마련이다. 게다가 고객은 여유 있는 사람을 더 신뢰한다. 자신이 아무리 급하지 않은 척해도 고객의 눈에 서두르는 모습이 보여 신뢰를 줄 수 없다.

또한 어떤 일이든 6개월이 지나면, 대부분 그 실체가 드러나기 마련이다. 목표를 세웠다면 6개월 정도는 관리에 힘쓰고, 서로를 이해할 수 있는 시간을 만들어야 한다. 그때까지 잘 관리하면 뿌린 것 이상의 결과를 얻을 수 있다. 그래서 사람들은 굳이 아까운 시간을 투자하는 것이다.

그리고 나이를 먹어 가면서 미래가 불안하다면 협력자를 많이 만들면서 영업에 주력해야 한다. 왜냐하면 혼자서 영업하는 것은 시간이나 공간 등 여러 가지 제약을 받지만, 협력자를 만들어 영업한다면 자신이 부족한 부분까지도 처리할 수 있기 때문이다. 그중 하나가 단체 계약이다. 단체 계약을 제대로 한 건만 하면 몇 년 농사를 단번에 풍년으로 만들 수 있다.

보험 영업을 하면서 가장 어려운 것은 고객이 원하는 금액이나 담보를 수정하지 않고 계약하는 것이다. 방문한 환자가 암 환자인데도 불구하고, 환자가 진통제만 달라고 해서 그대로 처방해 주고 끝나는 것이나 다름없기 때문이다. 당신이 보험 설계의 전문가라면 고객에게 당장 거절을 당하더라도 가장 좋은 담보를 설명해 주고 추천해 주는 것이 직업적 도리다. 사사로운 욕심 때문에 서두른다면 고객의 신뢰를 얻지 못해 더 이상 관계를 지속할 수 없게 된다. 한순간 원망을 듣더라도 고객이 자신의 경제 상황에 맞춰 담보를 삭제하거나 감액 또는 추가할 수 있도록 적극 도와줘야 한다. 그래야 고객과 오랫동안 관계를 지속할 수 있고, 떳떳해질 수 있다. 신뢰만 형성되면, 돈은 부수적으로 따라오게 마련이다.

미련한 소가 산을 옮긴다

'우공이산愚公移山'이란 사자성어의 어원을 아는가? 오래전 중국에 우공愚公이라는 노인이 있었는데, 그 노인이 자기 집 앞의 산을 딴 곳으로 옮기려고 노력하여 결국은 이루어 냈다는 말에서 기원한 것이다. 대대로 산의 흙을 파서 나르겠다고 하자 이에 감동한 하늘이 산을 옮겨 주었다는 데서 유래했다. 무슨 일이든지 꾸준히 노력하면 이루어 낼 수 있다는 비유로 주로 쓰이는데, 영업도 이와 무관하지 않다.

영업을 처음부터 잘하는 사람은 없다. 영업을 못한다는 것은 영업인에게 사용하기에 적절한 말이 아니다. 영업을 게을리하기에 실적이 없다고 말하는 것이 오히려 적절한 표현이다. 세상의 모든 직업과 직종은 방법에 차이가 있을 뿐 영업을 빼놓고는 말할 수 없다. 어느 직업, 어떤 직종이든 치열한 경쟁을 동반하며 고객이 아무 조건도 따지지 않고 구매를 결정하는 상황은 거의 없기 때문이다.

그동안 필자가 해 온 영업도 우공이산과 같았다. 서울에 있는 각 구청 소속의 환경미화원들에게 했던 영업이 그랬고, 인쇄소 단지가 몰려 있는 일산 장항동에서 했던 영업이 그랬으며, 지금 전국에 있는 모든 자동차 딜러들에게 영업하는 것도 그러하다.

필자가 각각의 영업을 준비하고 실행하면서 주위 동료들에게 공표했을 때, 대다수의 사람들은 잘되면 좋겠지만, 그건 좀 무리가 있다고 이구동성으로 말했다. 돌이켜 보면 그들의 생각은 틀리지 않았다. 환경미화원을 공략하기 위해 매일 새벽 서울 시내에 있는 수백 군데의 막사를 찾아다녀야 했고, 장항동 인쇄소 단지를 사채업자가 일수를 받으러 다니는 것보다 더 많이 다녀야 했으니 말이다.

그리고 한 달에 한 번 매월 1일에 발송하는 40원짜리 문자 영업으로 전국에 있는 자동차 딜러들을 모두 고객으로 만들겠다고 여기저기 떠들며 다닐 때, 필자라고 왜 가슴속에 불안한 마음이 없었겠는가? 아무리 오기를 부려도 힘든 것은 분명 사실이었다. 대놓고 말은 못했겠지만, 모두가 말리려고 했던 자동차 딜러 영업에서 불과 3년 만에 2천 3백 명이 넘는 자동차 딜러를 고객으로 만들자 모두가 상상을 초월한 결과라고 말한 이유도 어쩌면 그 때문일 것이다.

정작 필자에게 그것은 산을 옮기는 것보다도 더 큰일이었다. 과장해서 말한다면, 산이야 생명이 없으므로 차근차근 불도저나 차로 옮기면 된다. 하지만 2만 명이 넘는 자동차 딜러들은 무기나 대통령의 명령으로도 내 편을 만들기 어려운 사람들이기 때문이다.

그동안 필자의 고객이 7만 명이라면 그 규모가 쉽게 짐작되지 않을 것이다. 두 팔을 들어 앞으로 나란히 시킨다면 1m씩만 잡아도 그 길이가 무려 70km나 되고, 2m씩 잡으면 서울에서 천안을 지나 홍성까지 갈 수 있는 길이다. 이렇게 고객을 많이 만들었다는 것은 우공이산에 버금간다고 스스로 자부해 본다.

앞서도 말했지만, 영업을 할 때는 어떤 일이 있어도 서두르면 안 된다. 낚시꾼처럼 수시로 미끼를 바꿔 주면서 기다리는 수고를 감내해야만 원하는 결과를 얻을 수 있다.

필자는 때때로 회사 근처인 양화대교 남단에서 한강을 따라 산책을 한다. 그러다 보면 자연스레 낚시꾼들을 만나곤 한다. 양해를 구한 후 어망을 확인해 보면 많이 잡은 사람과 못 잡은 사람의 차이가 확연하다. 낚시를 오랫동안 한 사람이 결과물도 많다는 것을 알 수 있다. 동일한 조건에서 일 년 내내 쉬지 않고 낚시를 하는 사람과 한 달이나 몇 개월에 한 번씩 하는 사람 중에서 과연 누가 더 많은 고기를 잡겠는가?

우리 속담에 "열 번 찍어 안 넘어가는 나무는 없다."고 했다. 영업은 처음부터 잘하는 사람이 잘하는 것이 아니라, 꾸준히 포기하지 않고 하는 사람이 더 오래하고 진짜 잘하는 것이다.

영업에서는 순서도 중요하다

영업인들과 대화를 나누다 보면 많은 이들이 자신은 남들보다 영업을 많이 하는 것 같은데 왜 결과는 남들보다 못한지 모르겠다고 말하는 것을 볼 수 있다. 그러면서 마지막에는 "영업이란 정말 힘든 직업이야!"라는 말로 끝낸다. 아마도 자신이 할 수 있는 최선의 노력을 다했다고 생각하기에 그런 말을 했다고 본다.

그러나 왜 그들이 노력한 만큼 결과를 얻지 못할까를 되짚어 보았을 때, 필자는 다름 아닌 순서의 뒤바뀜 때문이라고 생각한다. 음식에 소금을 적당히 넣으면 음식을 맛있게 먹을 수 있지만, 소금에 음식을 적당히 넣으면 먹을 수 없는 것처럼 순서를 모른 채 열심히 영업을 하다 보면 고생만 하고 제대로 된 결과를 얻을 수 없다.

김장을 할 때를 떠올려 보라. 배추, 파, 고춧가루, 갖가지 양념, 젓갈, 소금, 물 등을 준비하고, 김치 담그는 순서대로 김장을 해야 맛있는 김치가 만들어진다. 만약 하나라도 순서가 뒤바뀌면 어떻게 될까?

통배추를 소금에 절이지 않고 통배추 속에 먼저 양념을 버무린 후 맨 나중에 소금을 뿌리고 두 시간 동안 절인 다음 물로 씻어 낸다면 김치는 어떻게 될까? 아무도 먹지 못하는 김치가 된다. 다시 말해, 수고는 똑같이 했어도 두서없이 일을 했기에 맛있는 김치가 아니라 먹지 못할 김치를 만든 것이다.

영업도 만찬가지다. 동일한 법칙을 영업에 적용해 보자. 아직도 많은 영업인들이 제대로 된 영업 절차나 준비도 없이 오로지 명함한 장만 들고 온종일 돌아다닌다. 그렇게 자기만족만 하는 영업을 하다 보니 좋은 결과를 얻지 못하는 것은 당연하다.

영업 절차와 방법을 정하고, 그대로 하지 않으면 기대하는 결과를 절대 얻을 수 없다. 앞에서 말한 사람들은 영업을 할 때 준비와 순서 없이 급한 마음과 욕심만으로 앞으로 돌격하듯이 영업하기 때문에 좋은 결과를 얻지 못하는 것이다. 자연의 이치처럼 순서에 따라 일을 하면 좋은 결과는 따라오기 마련이다.

플로우 차트를 만들어야 프로그램을 짤 수 있고 설계도를 먼저 그려야 건축물을 지을 수 있는 것처럼, 영업을 하려면 무작정 현장에 나가지 말고 영업에 대한 총체적인 그림을 먼저 그려야 한다. 그러고 나서 실천 가능한 순서에 따라 하나씩 채워 나가야 비로소 '이젠 영업으로 평생 살아도 되겠구나!'라는 자기 확신이 들 것이다.

하물며 시작하자마자 억대연봉을 말하는 경우를 본다. 그렇다면 그때까지 어떻게 기다린단 말인가? 영업을 시작하고 나서 개별 코칭도 없고, 준비도 덜 된 채 무조건 영업 현장으로 내쫓기는 현실에서 이를 실천하기란 물론 쉽지 않을 것이다. 하지만 그렇다 보니 지구상에서 가장 쉬운 영업이 오히려 가장 어려운 직업으로 변종되는 것이다. 밥을 먹을 때도 순서대로 먹어야 맛있게 먹을 수 있듯이 영업도 매사에 순서를 실행해야 좋은 결과를 얻을 수 있다.

앞으로 영업 성과가 부족하다고 느껴진다면 '순서가 뒤바뀐 것을 모른 채 오로지 열심히만 하고 있는 것은 아닌가?'라고 한 번쯤 생각해 보라. 필자가 강의나 상담을 할 때 빼놓지 않고 하는 질문이 하나 있다. "안 되는 방법으로 최선을 다하면 그 결과는 어떻게 될까요?"가 그것이다. 개척을 할 때나 소개받은 고객을 만날 때, 별도의 준비 없이 고객을 만나는 것과 준비된 상태에서 만나는 것에는 어떤 차이가 있을지를 묻는 질문이다.

분명 최선은 다했지만 안 되는 방법으로 최선을 다하면 틀린 것이다. 영업에서는 모든 것이 정답이지만, 실효성과 신뢰 부분에서는 중요한 차이가 있다. 당신이 만약 처음부터 자신의 이력과 영

업에 관련된 다양한 내용을 첨부한 멋진 제안서를 만들어서 준다
면 첫인상 각인 차원에서 몇 배는 더 좋은 효과를 볼 수 있을 것이
다. 따라서 영업을 잘하려면 먼저 올바른 순서를 정하고 나서 시
작해야 한다. 영업은 노력한 만큼의 결과를 소득으로 평가받는 몇
안 되는 직업이기 때문이다.

작은 노력으로 큰 줄기를 만들어라

'적토성산積土成山'이란 말이 있다. 흙이 쌓여 산을 이룬 것처럼 작은 것을 힘써 모아 큰 것을 이루는 것을 뜻한다. 마치 영업을 염두에 두고 만들어진 사자성어가 아닌가 싶을 정도로 영업의 원리를 잘 표현한 문장이라고 할 수 있다.

사실 영업이란 멀리, 그리고 크게 보면 그리 특별할 것이 없다. 한 발 한 발, 하나하나가 모여 성과를 이루어 내는 것이 영업이기 때문이다. 책을 쓸 때도 마찬가지다. 책이라는 것은 머릿속의 생각을 한 번에 스캔해서 출판하는 것이 아니다. 독자에게 전하려는 생각을 한 문장으로, 다시 한 문단으로, 또다시 한 개 장으로 엮는 것을 반복하고 교정까지 마쳐야 한 권의 책이 출간된다. 그것은 철저히 필자의 경험이다.

책을 쓰겠다고 생각하면 처음에는 의욕에 넘치지만, 많은 사람들이 한 자 한 자의 더딤을 견뎌 내지 못하면 며칠 못 가서 결국 포기하고 만다. 마치 영업에서 처음에는 의욕적으로 뛰어다니다가 얼마 못 가 제풀에 지쳐 포기하는 것과 같다. 더욱이 필자는 책만 쓰는 작가가 아니라 일상 업무인 영업을 함께 하다 보니, 스스로에게 한 집필 약속이 오히려 구속처럼 느껴질 때도 있다. 그래도 그것을 견뎌내고 한 자 한 자 묵묵히 써 내려가다 보면 어느새 책 한 권이 만들어져 있다.

어디 비단 책뿐이겠는가? 영업도 하루아침에 이루어지는 것이 아니라 매일 개척하고 재방문하고 문자와 우편물을 보내는 수고가 하나하나 쌓일 때 비로소 계약이 들어온다. 고정급을 받는 사람은 시간만 지나면 급여를 받겠지만, 영업을 하는 사람은 고정급이 없기에 휴일조차도 부담이다.

그래서 필자는 적토성산이라는 말을 항상 가슴에 새긴다. 그 마음으로 만든 계약고객과 가망고객이 벌써 7만 명을 넘어 가고 있다. 때때로 영업을 시작한지 몇 개월도 되지 않았으면서 영업이 힘들다고 말하는 사람들을 본다. 또한 처음에는 영업을 아주 잘했지만 시간이 지나면서 점차 하강 곡선을 그리는 사람들도 본다. 그런 사람들에게 필자는 영업은 꾸준함이 보증수표라고 말해 주고 싶다.

세상의 수많은 직업 중에 유독 보험 영업만 시작도 하기 전부터 영업을 하면 일 년 안에 억대 연봉을 받을 수 있다고 말한다. 하지만 현실은 어떤가. 그런 말을 듣고 섣불리 뛰어든 사람이 제일 먼저 그만둔다. 교육을 한 달도 채 끝마치기 전에 현장으로 내보내 영업을 강요하다 보니 그런 결과가 나오는 것이다.

그리고 보험회사에 입사하면 누구나 금세 팀장이 되고, 스스로를 전문가라고 말하는 것을 본다. 보험 업계에서 비일비재한 조루 현상은 여기서 비롯된다. 또한 아직 보험 용어조차 숙지하지도 못한 사람들이 자신을 보험 전문가라고 칭하다 보니 보험 설계사가 믿을 수 없는 사람들로 인식되고, 결국 신뢰도 없고 아무나 하는 싸구려 직업으로 전락하고 만 것이다.

신뢰가 없다 보면 현장에서 거절이 일상화되고, 개척이나 외부 영업을 피하게 된다. 보험 영업이 죄 없는 가족과 지인들에게 강요만 하다가 끝나는 직업으로 변한 이유다. 희망을 가지고 시작한 보험 영업이 많은 지인들과 원수가 되고서야 끝나는 것이다. 그런 시스템을 성인 다섯 명 중 한 명이 보험 설계사 일을 해 봤다는 웃지 못할 통계가 증명한다. 그런 부정적인 사고를 접한 고객들에게 영업을 하려다 보니 결국 보험료를 빼 줘야 계약을 받을 수 있다는 의식이 팽배해지고 있는 것이다.

당신은 그동안 고객들에게 과연 얼마나 신뢰를 주는 영업을 했는가? 이에 대해 생각해 보면 자신의 소득과 미래를 유추할 수 있을 것이다. 앞서 말했듯이 보험 영업에 특별한 비법은 없다. 굳이

그 비법을 들자면 꾸준한 시간 투자와 부지런한 발품이라고 할 수
있다.

당신은 어떤 유형인가?

사무실에 있다 보면 보험회사 지점장이 많이 찾아온다. 그런데 그들을 보면 회사별 특색이 보이고 자연스레 비교가 된다. 재미있는 것은 그들의 모습을 보면 업무 유형이 회사의 이미지와 매우 닮았다는 점이다. 여기서 그들의 유형을 세부적으로 분석해 보겠다. 당신이 거래하거나 소속된 회사의 지점장은 어떤 모습인지, 또한 본인은 어떤 유형에 가까운지 생각해 보기 바란다.

1. 아무나 형

무척 평범하고 일반적이며, 그 정도는 아무나 할 수 있는 스타일이기에 '아무나 형'이라고 칭한다. 그들의 영업 방식은 매우 단순하다. 보통 말에 힘이 없고, 법인 대표나 총무, 설계사들에게 뭐가 그렇게 미안한지 항상 부탁하는 말투다.

"실적 좀 올려 주세요.", "저희 회사 것도 팔아 주세요.", "많이 신경 좀 써 주세요.", "좀 도와주세요."와 같이 화법에는 힘이 없고, 부탁이나 구걸을 하는 스타일이기에, 영업은 하지만 실적 증가는 별로 없다. 특별히 도와주거나 뭔가 해 주고 싶은 명분이 없는데 누가 일부러 챙겨 주겠는가? 더욱이 그보다 유능한 영업인도 얼마든지 있는데 말이다. 영업이란 자기 가족에게 사정을 해도 계약을 받을까 말까 한데 그런 마인드로 한다면 어떤 계약이 성사되겠는가.

그들도 물론 영업을 한다고 한다. 하지만 엄밀히 지켜보면 영업을 하는 것이 아니다. 회사 입장에서 보면, 대놓고 뭐라고 할 수도 없고 강제로 퇴직시킬 수도 없는 가장 관리하기 힘든 유형이다.

마치 영업 사원이 회사에서 배운 대로 매일 개척은 나가는데, 실적은 거의 없는 것과 같다. 그 이유는 적성도 안 맞고, 목적의식도 없으며, 영업 방법도 모르기 때문이다. 사실 그 책임은 세밀하게 관리하지 못한 회사 책임이 첫 번째고, 노력하지 않는 본인에게 두 번째 책임이 있다.

2. 나름대로 열심히 형

'나름대로 열심히 형'은 영업을 하는 데 특별한 방법은 없지만 나름대로 최선을 다하는 유형을 말한다. '아무나 형'이 걷는 모습이라면, '나름대로 열심히 형'은 뛰는 스타일로 법인 대표에게 신뢰를 잃지 않도록 나름대로 많은 노력을 기울인다. '아무나 형'의 반 장급이라고 보면 된다. 영업을 해도 법인에 미치는 영향력은 미미하고, 법인이 그저 필요하니까 하는 계약을 이 유형은 본인이 노력해서 얻은 결과라고 착각한다. 법인 대표나 총무, 설계사들에게 접대도 잘하지만, 돈만 쓰고 효과는 못 보는 유형이다.

3. 제대로 형

보험회사 입장에서는 '제대로 형'이 가장 많아야 한다. 하지만 필자가 보기에는 그 비율이 20% 정도밖에 안 된다고 생각된다. '제대로 형'을 볼 때마다 스카우트를 하고 싶은 충동도 들지만, 아직은 규모나 자금이 없어서 안타까울 뿐이다. '제대로 형'은 '그 회사는 사람 하난 정말 잘 뽑았구나!'라는 생각이 들 정도로 항상 최선을 다하고, 그만큼 좋은 성과를 낸다. 돈도 제대로 쓸 줄 알고, 사람도 다룰 줄 알며, 실적도 만들 줄 아는 그런 지점장이다.

이런 지점장은 다른 사람들보다 승진도 빨리한다. 이것은 곧 회사의 인사 시스템이 공정하다는 말과 일맥상통한다. 이처럼 '제대로 형'은 잠깐만 왔다 가도 진한 흔적을 남긴다.

4. 스텔스 형

독한 표현을 빌리자면 가장 무능한 지점장이다. '스텔스 형'은 월급날을 위해 존재하는 것처럼 보여 정말 만나고 싶지 않은 유형이다. 자주 찾아오지도 않으면서 자신이 뭔가 필요하거나 아쉬울 때만 전화를 걸어서 부탁을 한다. 그렇게 몇 개월에 한 번씩 방문하면서도 자기가 관리하는 곳이 수십, 수백 군데라서 자주 오고 싶어도 시간이 없다는 등 변명을 늘어놓는다. 가끔 와도 회사를 감사하러 온 것처럼 자기 볼일만 보고 가는 보이지 않는 스텔스기와 같은 유형이다.

당신은 어떤 유형인가? 위의 네 가지 유형 중 당신은 어떤 유형에 가까운가? 스스로 점검해 보기 바란다.

업에 대해 자부심을 가져라

어떤 일을 하던 업에 대한 자부심은 궁극적으로 일의 결과를 가름하기 마련이다. 자부심이 없다면 열정이 없을 것이고, 열정이 없다면, 일을 열심히 하지 않을 것이고, 일을 열심히 하지 않으면 좋을 결과를 가져오지 못할 것이기 때문이다. 필자와 관련된 업종 사람들인 자동차 보험 설계사와 자동차 딜러들이 왜 업의 자부심을 가져야 하는지 한 번 알아보자. 다른 업종에 종사하는 사람이라면 이를 참고하여 자신의 업에 대한 자부심을 어떻게 가질 것인지 생각해 보기 바란다.

1. 자동차 보험 설계사

당신은 수많은 영업 직종 중에 어떤 업종이 가장 매력 있다고 생각하는가? 영업직을 선택할 때는 당장의 소득도 중요하지만, 계속성과 미래를 먼저 살펴보아야 한다. 그런 면에서 당신은 자동차 보험 설계사를 한 번쯤 유망한 직업으로 생각해 본 적이 있는가?

자동차 보험 설계사를 매력적인 직업이라고 말할 수 있는 이유는 국가에 납입하는 의무적 보험을 만기가 될 때마다 고객에게 보험료를 비교하여 안내해 주고, 매년 약 10%의 수수료를 받기 때문이다. 봉이 김선달도 울고 갈 만한 직업인 것이다. 게다가 자동차 보험은 평균 70만 원 이상으로 그 금액도 매우 크다.

그런데도 자동차 보험이 매력 없다고 느껴지는가? 그렇다면 계산하는 법을 다시 점검해 볼 필요가 있다. 자동차 보험으로 차량 한 대당 2만 원만 남긴다고 가정해 보라. 그 숫자가 많아질 때는 결코 무시할 수 없는 금액이 되며, 잘만 관리하면 평생 고정소득인 연금으로 만들 수도 있다.

당신 주위를 한번 둘러보라. 여기저기 수없이 많은 자동차가 보일 것이다. 명절 때나 출퇴근 시간 무렵이면 도로가 마비될 만큼 많은 것이 자동차다. 그 모든 자동차는 일 년에 한 번씩 자동차 보험에 가입해야 한다. 만약 책임보험에 가입하지 않으면 최고 백만 원가량의 과태료를 내야 한다.

그래서 자동차 보험은 학력이나 지인이나 자본금이 없어도 3년만 작정하고 노력하면 평생 연금처럼 받고 살 수 있는 직업이라고 말하는 것이다. 게다가 자동차는 매년 신상품이 나오면서 보험료도 점점 비싸지고 있으며, 절대 없어질 직업이 아니다. 인터넷이 아무리 발달한다 해도 인터넷이 감당할 수 있는 영역이 있고, 사람이 감당해야 할 영역이 있기 때문에 크게 염려할 부분도 없다.

당신이 영업하는 사람이 아니더라도 자동차를 많이 소유한 업체 몇 개 정도는 알고 있을 것이다. 물류회사, 마을버스, 화물차, 관광버스, 렌터카 회사, 음료나 주류회사, 프랜차이즈 업체, 기업, 환경 업체 등이 그것이다. 자동차 단체보험이 진짜 매력 있는 이유는 일 년간 자동차 보험료로 총 20억 원을 계약했다면 수당을 10%만 받아도 2억 원이고, 소득의 절반 이상을 영업비로 사용한다 해도 매년 일 억 원, 매월 천만 원 이상의 소득을 올릴 수 있다는 것이다. 따라서 자동차 보험은 개인이 됐든 단체보험이 됐든 인맥을 통해서라도 무조건 잡아야 한다.

자동차 보험 영업이 정말 괜찮은 직업인지를 알기 위해 실천 가능한 계산법을 직접 보여 주겠다. 이 계산법은 전국에 2천만 대가 넘는 자동차가 있는데, 그중 하루에 무조건 한 건씩, 평균 보험료를 75만 원으로 산정해 계약했을 때를 가정했다. 그러면 365대×75만 원 = 2억 7천 3백만 원이 된다. 그리고 수당을 보험료의 10%만 가정해도 매년 2천 7백만 원, 매월 228만 원의 소득을 올릴 수 있게 된다.

만약 역산으로 자동차 보험으로만 연봉 3억 원을 받는다고 계산해 12개월로 나누면 매월 2천 5백만 원이 된다. 오피스텔 임대료를 40만 원이라고 가정한다면 매월 62채의 오피스텔에서 월세를 받는 금액이며, 은행에 저축해 2.5%의 세후 이자를 받는다면 원금 100억 원의 예금 가치와 동일하다. 이처럼 자동차 보험은 목돈 없이도 매월 백억 원의 가치만큼 소득을 올리는 것이 가능하다. 인맥을 통해 비싼 자동차를 판매하는 것도 아니고, 의무적 보험인 자동차 보험을 하루에 한 건 계약하는 것이기에 그리 어렵지 않다고 본다.

또한 일반적인 영업은 퇴직금이 없다. 그러나 자동차 보험은 퇴직금처럼 매년 갱신 소득을 얻을 수 있다. 기회가 될 때 설계사 자격도 취득하고 자동차 보험으로 퇴직연금도 마련해 보는 것은 어떨까?

2. 자동차 딜러

자동차 관련 직업 중 투자 금액 없이 영업을 할 수 있는 직업으로는 자동차 판매와 자동차 보험 두 가지가 있다. 이번에는 직접 판매에 해당되는 신차 영업에 대해 알아보자.

신차 영업은 자동차 가격이 워낙 비싸다 보니 일반적으로 고객이 결정한 차량을 보여 주고 설명하는 일을 하게 된다. 보험처럼 설계사의 역량에 따라 계약에 영향을 주기 보다는 자동차 회사에서 만든 완제품을 고객에게 판매하는 중간 역할을 담당하는 것이기에 딜러의 영향력이 그리 크지 않다. 그리고 한 번 판매하면 재

구매까지 평균 7년 이상을 기다려야 하기에 고객 관리가 쉽지 않다는 단점도 있다.

또한 최근에는 자동차 회사에서 정찰제 판매를 요구하고 있다. 회사의 자율 규정을 준수해야 하는 입장에서 볼 때, 그런 조건을 극복하면서 많이 판매할 수 있는 방법 중 누구나 할 수 있는 손쉬운 영업 방법을 두 가지만 소개하고자 한다.

첫 번째는 체계적인 프로그램을 가지고 발로 뛰는 5천 명 고객 확보 방법이다. 이는 다양한 경로를 통해 최소 5천 명에서 최대 만 명의 가망고객을 확보한 후 문자, 우편, 방문 등으로 2년 이상 꾸준히 고객을 관리하는 방법을 말한다. 그러면 고객이 구매 동기가 발생했을 때 스스로 연락하게 하여 계약률을 높일 수 있다.

두 번째는 영업의 촉, 즉 안테나를 세우는 방법이다. 이는 소개자나 협력자를 무한대로 확대시킨 후, 그들에게서 고객의 구매 정보를 제공받는 방법이다. 그 대신 사전에 약속한 정보 제공에 대한 약속을 정확히 지켜 협력자와의 신뢰를 유지하는 것이 핵심이다.

자동차는 딜러가 직접 만드는 것이 아니라서 고객 입장에서 보면 누구에게 구매하든 계약을 하고 나면 자동차를 빨리 받고 싶어 한다. 따라서 가까운 지인이든 아니든 딜러를 크게 의식하지 않는다. 물론 처음 계약한 사람에게 우선권이 있겠지만 마음이 그렇다는 것이다. 그렇기에 만약 특이한 변수가 발생하더라도 가급

적 고객이 떠날 수 없도록 항상 가까운 지인이 되도록 만들어야
한다.

그렇다면 자동차 판매와 자동차 보험 모두를 잘할 수 있는 실천
방법으로는 어떤 것이 있을까?

1. 실천 가능한 목표와 영업 방법을 설정하라.

2. 영업의 기본에 충실하라.

3. 영업 방법을 전문가에게 배우고 체계화하라.

4. 정보를 수집하고 관리하라.

5. 목표를 이룰 때까지 매진하라.

정신혁명을 이룩하라

세상에는 영원한 승자도, 영원한 패자도 없다. 아주 부유했던 부자가 한순간에 가난해지고, 아주 가난했던 사람이 한순간에 부자가 되기도 한다. 평발이었던 박지성이 세계적인 선수가 될 줄 그 누가 알았겠는가? 그가 선택받은 운명이라고 할 수도 있겠지만, 일찍이 그의 성실성과 정신력을 알아본 히딩크 감독이 있었기 때문에 가능한 일이었다.

사람들은 보통 승자를 선천적으로 타고났다고 생각하지만, 정작 정신적인 싸움에서 이긴 것이 95% 이상이라고 한다. 자고로 정신만 바뀌면 모든 것이 다 바뀐다고 말하는 이유가 그 때문이다. 당신도 뭔가를 이루고자 한다면, 간절히 원하는 만큼 실천하면 된다. 실천하는 순간부터 당신은 원하는 모든 것을 해낼 수 있다. 그

표본이 바로 필자다.

당신은 앞에서 필자가 걸어온 이력을 보고 자신과 비교해 보았을 것이다. 단지 열심히 살았다는 것 외에 당신보다 똑똑해 보이지는 않았을 것이다. 자랑할 만한 것이 별로 없는데도 불구하고 지나온 길을 가감 없이 솔직하게 밝힌 것은 당신의 스펙이 화려하지 않아도 성공할 수 있다는 것을 말해 주고 싶었기 때문이다.

사실 아무 생각 없이 사는 일상생활에서 무엇인가를 의식하는 세계로 들어가게 되면, 정신력이 강해지고 두려움도 없어지며 모든 생각을 하나로 모을 수 있다. 그래서 무엇이든 할 수 있는 것이다. 그런 면에서 볼 때 필자는 자신 있는 영업인으로 살아가고자 두 가지 영업 철학을 만들었다.

첫 번째는 '고객은 고객 사정, 나는 내 사정'으로, 이 때문에 내성적인 성격임에도 고객의 눈치를 보지 않고 영업을 할 수 있었다. 두 번째는 '내가 지배하며 살아가겠다'로 강한 자의식과 욕구를 담고 있다. 이는 나만의 철학과 정신력이 없이는 생겨날 수 없는 내면의 결과물이다.

그동안 필자는 영업하는 10년 동안 자신에게 한 약속은 반드시 실천해 왔다. 그 실행으로 아침 7시에 출근해 밤 11시에 퇴근하는 생활을 10년간 실천했다. 그래서 맨 처음 약속한 대로 2012년 말 공식적으로 은퇴식을 거행할 수 있었다. 다른 사람에게는 져 줄 수 있어도 내 자신에게는 절대로 지지 않는 습관을 만들어 낸 것이다.

짧은 영업 인생 중에 정신력으로 일상을 바꾼 예를 몇 가지 들어 보겠다. 필자는 영업할 때 3개월간 매일 한 건의 계약을 하겠다고 약속했다. 그 약속을 지키기 위해 한 건의 계약을 해야만 퇴근하고, 계약이 없으면 옷을 갈아입지 않았다. 또 3개월간 술을 마시지 않겠다고 약속하면 어떤 일이 있어도 3개월간은 술을 마시지 않았다. 또한 아내와 출근할 때 아침 6시 20분에서 1초만 늦어도 한 시간 거리를 혼자 출발할 정도로 약속만큼은 철저히 지켰다.

영업은 생각만 하는 직업이 아니라 실천하는 직업이다. 영업을 할 때는 자신이 사장이고 대표지만, 영업을 안 하면 바로 실직자가 되는 것처럼 양면성이 분명한 직업이기도 하다. 이제부터라도 당신은 육신의 몸으로 잠깐 살다 가는 이 세상을 어떤 마인드로 살아가야 할지, 어떻게 영업을 해야 할지를 진중하게 생각해야 한다. 그러기 위해서는 스스로를 진단하고 돌아볼 수 있도록 자신에게 매일 질문을 던져야 한다.

그런 의미에서 당신에게 계속 질문을 던져 보겠다. 당신은 자신이 일하는 모습이 아마추어와 프로 중 어느 쪽이라고 생각하는가? 영업 경력이든 회사 경력이든, 3년이 넘었는데도 아직 아마추어라고 느끼는가?

역사도 마찬가지지만, 개인이나 회사의 과거 청산은 기억을 잊는다고 해서 이루어지는 것이 아니다. 현실을 인정하고 배우며 변화시켜 나아갈 때 비로소 이루어지는 것이다.

좀 더 이해를 돕기 위해 일상생활에 대해서 어떻게 느끼는지 물어 보겠다. 당신은 아직도 돈이 없어서 또는 인정받지 못하는 영업이라는 직업 때문에 자격지심에 눌려 살아가고 있지는 않은가? 지금도 그런 생각이 든다면, 인간이기에 느낄 수 있는 당연한 생각으로 받아들여야 한다.

영업을 할 때 필자는 '어떻게 하면 상처를 받지 않고 영업을 할 수 있을까?'를 하루도 거르지 않고 곰곰이 생각했다. 고객의 97% 이상, 즉 100명 중 97명 이상의 사람들에게서 단지 설계사란 이유 하나만으로 거절당하거나 무시받는 게 싫어서 수많은 상상과 연구를 했다. 그 결과, 말없이 할 수 있는 보험 가입 제안서와 증권 MRI 정리, 즉 국내 최초의 보험증권 보관은행과 보험증권 보관철을 만들게 되었다.

그리고 소득은 무조건 높이기로 했다. 그 결과, 지금은 거절하는 사람을 볼 때마다 '당신 일 년 연봉이 내 한 달 소득도 안 되면서 거절하기는.'이라며 스스로를 위안하고, 거절당해도 더 이상 상처받지 않는다. 그러니 이제부터 당신도 고객 앞에서 항상 당당하기를 바란다. 그것은 영업인이라면 반드시 지켜야 할 자존심이기 때문이다.

상업고등학교를 졸업하고 나서 대학은 문턱에도 못 갔지만, 이렇게 글도 쓰고 많은 사람들 앞에서 강의도 하는 것은 결코 그냥

된 것이 아니라 스스로 노력해 왔기 때문에 가능한 것이다. 3억 원의 부도를 내고 서른일곱 살부터 만약 정신혁명으로 미래를 준비하지 않았다면 어찌 되었을지 아찔할 뿐이다. 3억 원이란 원금에 이자까지 감안하면 대충 계산해도 매달 300만 원, 일 년이면 3천 6백만 원씩 10년을 갚아도 다 못 갚을 돈이었다.

하지만 내면적인 학습을 실천했기에 결국 지금은 그 빚을 다 갚고, 그 경험을 나눠 주는 사람이 될 수 있었다. 정신혁명은 많은 것을 변화시켜 부도가 났어도 도망이나 잠수 한 번 타지 않고, 채권자들에게 걸려 오는 전화도 거절 한 번 하지 않고 받았으며, 몸은 매우 힘들었지만 아버지로서 자녀들에게 안정감을 만들어 주고 싶어 살던 집을 떠나지 않고 그 모든 것을 감당했던 것이다.

세상을 살아가다 보면 어떤 삶의 전환점, 즉 터닝 포인트가 있게 마련이다. 오늘 이 책을 읽은 당신도 인생의 터닝 포인트를 맞이하는 한 사람이 되기를 진심으로 기원해 본다.

직장 생활의 목표는 무엇인가?

당신은 영업을 하거나 회사에 출근할 때, 목표가 무엇인지 생각해 본 적이 있는가? 황당한 질문이라고 생각하는가? 그래도 질문을 해 보겠다. 당신은 왜 영업을 하고, 회사에 출근하는가? 안정된 급여를 받기 위해서인가? 아니면 고수익을 얻기 위해서인가? 일에 대한 성취감이나 진급에 대해서는 어떤 목표가 있는가? 아니면 마땅히 이직할 만한 곳이 없어서 마지못해 다니는 것은 아닌가?

이와 같이 질문은 했지만, 사실 출근하는 이유를 생각하고, 기억하면서 다니는 사람은 없을 것이다. 설령 있다고 해도 큰 의미를 부여할 만한 정도는 아닐 것이다. 그러나 영업이나 직장에서 성공을 원한다면, 반드시 목표와 의미를 염두에 두고 다녀야 한다. 분명하고 명확한 목표도 없이 직장 생활을 해 나간다면 큰 발전을 기대할 수가 없다.

따라서 회사에 출근하는 이상 진급이든 회사 발전이든 반드시 뚜렷한 목표를 가져야 한다. 만약 회사에 출근하고 일하는 것이 골프나 취미생활보다 즐겁지 않다면. 당신은 돈을 많이 버는 것이나 진급은 애초에 포기해야 한다. 직장인 중에는 임원이 되면 일찍 해고를 당한다고 해서 중간만 되서 정년까지 가겠다는 사람이 있다. 그런 사람들은 생명력이 없는 사람이라고 할 수 있다. 그런 사람은 출근 시간이 기다려지지 않고, 매출이 줄어들 때에도 위기를 기회로 만들 수 없다.

만약 그동안 당신에게 목표가 없었다면, 당신은 자신을 믿고 따르는 가족들에게 풍족함과 자부심을 주기 위해서라도 목표를 만들어야 한다. 필자의 경우에는 1997년 부도 이후부터 분명한 목표가 생겼다. 부도 전에는 무조건 돈을 많이 벌어야겠다는 막연한 생각만 가지고 있었다. 하지만 부도가 나자 인생의 모든 것이 달라졌다.

그때부터 오히려 부도를 인생의 터닝 포인트로 삼아 목표를 명확히 세우고 구체적으로 실천하기 시작했다. 직장인이 아니었기에 진급에 대한 부담은 없었다. 하지만 회사를 운영하고 있었기에 책임에 대한 부담이 크게 다가왔다.

그래서 다음과 같이 돈을 벌기 위한 분명하고 구체적인 목표 세 가지를 세웠다.

1. 돈 때문에 법으로 지지 않을 만큼 벌자.

2. 돈이 없어 가족이 병으로 죽지 않을 만큼 벌자.

3. 돈 때문에 자녀의 꿈을 꺾지 않을 만큼 벌자.

그 결과, 완벽하지는 않지만 지금은 목표를 향한 종착역에 거의 도달했다. 지금도 필자가 영업인들에게 자주 하는 말이 하나 있다. 가족과 식사할 때는 절대 가격표를 보고 먹지 말라는 것이다. 돈 때문에 가족들이 먹을 것을 걱정하는 것처럼 슬픈 일은 세상에 없다.

그래서 필자는 가족과 식사할 때는 가격을 고르거나 음식 크기를 보지 말고, 먹고 싶은 것을 먹고 싶은 만큼 사 주고 그만큼 일하라고 말하는 것이다. 그들이 먹는 모습만 보고 있어도 가슴이 찡해지고 열심히 일을 해야겠다는 열의가 용솟음치기 때문이다. 당신은 어떤가? 어떤 구체적인 목표를 세우고, 실천하고 있는가.

마인드는 모든 것을 이긴다

직원을 뽑을 때 가장 먼저 보는 것이 있다. 그가 가진 내면적인 힘, 즉 그에게 주어진 업무를 이겨 낼 수 있는 힘이 있는지를 보는 것이다.

맨 처음 회사를 운영하며 직원을 채용할 때는 경험이 없다 보니 그 사람의 외적인 모습만 보고 선발했다. 하지만 직원들이 필자의 마음처럼 따라 주지 않다 보니 항상 후회 일색으로 끝이 났다. 나름대로 학력 등이 판단할 수 있는 근거라고 생각했지만, 시간이 흐르면 매번 만족할 수 없었다. 그들의 내면을 보지 못했기 때문이다. 그런데 경험이 쌓이다 보니 비로소 모든 것을 제쳐 두고 그가 가진 마인드를 보고 선택하기에 이르렀다.

필자가 사람을 보는 첫째 조건은 정신력이다. 동일한 조건에서 어떤 사람은 주어진 일에 겁 없이 달려드는 사람이 있는가 하면, 어떤 사람은 정형화된 방식으로 하려는 사람이 있고, 또 어떤 사람은 일을 시작하기 전부터 질질 끌려다니는 사람이 있다.

당신은 어떤 유형인가? 필자가 만난 다음의 유형 중 당신은 어떤 스타일에 속하는가?

첫 번째는 어떤 일도 쉽게 생각하고, 어떤 상황이 닥쳐도 이겨 내려는 정신력을 가진 사람이다. 자신은 물론 주변 사람들에게 긍정 에너지를 전파하며 좋은 영향을 끼치는 사람이다. 이런 사람은 어떤 일이든 이겨 내려 하기 때문에, 성취욕도 크고 일의 즐거움에 빠지기도 한다.

그래서 며칠 동안 밤을 새도 힘들다고 말하지 않는다. 상담할 때 "일을 하다 보면 회사 업무가 늦거나 야근도 할 수 있는데, 가능하세요?"라고 물으면 "일하다 보면 밤을 샐 수도 있는 것 아닌가요? 그만큼 회사 일이 많았으면 좋겠습니다."라며 오히려 질문자를 위협한다.

두 번째는 일과 협상하는 스타일이다. 그들은 일을 시작하기도 전에 본능적으로 관망하는 자세를 보인다. 그리고 마음속으로는 주어질 일이 두려워 망설이는 모습을 보인다. 그 결과, 일을 어디까지만 할지를 미리 정하고 하게 된다. 일 자체가 마음의 무거운 짐이 되고, 일의 즐거움을 느끼지 못하며, 일을 하더라도 기본적인 일만 하려고 한다. 이런 사람들의 대표적인 질문은 "야근은 자주하나요?”다.

　이런 사람들은 주위 사람들에게 믿음을 주지 못한다. 그 때문에 회사 대표나 중간 관리자들이 기피하는 경향을 보인다. 이런 사람들은 운 좋게 입사한 후, 야근할 일이 생기면 어떤 이유를 대서든지 야근을 하지 않으려고 한다. 과연 이런 유형의 사람을 좋아할 관리자가 얼마나 되겠는가?

　세 번째는 일을 두려워하는 스타일로, 필자가 보았을 때 가장 많은 사람들이 이 유형에 속한다고 할 수 있다. 이런 사람들은 직업을 필요로 해서 찾아오지만, 아주 평범한 일에도 두려움을 가지고 과연 자신이 할 수 있을지를 걱정한다. 이런 사람들은 처음부터 일에 대한 두려움을 가지다 보니 결국 일에 끌려다니게 된다. 그리고 시간이 지나면서 일의 노예가 되어 스트레스가 많이 쌓여 매사 부정적인 말들을 쏟아 놓는다. 그러니 좋은 결과가 나오지 않는 것은 당연하다.

　다시 한 번 당신에게 질문한다. 당신은 일을 이기는 사람인가? 아니면 일과 협상하는 사람인가? 아니면 일의 노예가 되는 찡찡이인가?

　영업을 할 때도 사람들의 스타일은 비슷하다. 당연히 그 결과 또한 충분히 예측이 가능하다. 당신은 어떤 일이든 본인에게 주어진 일이라면 주도적으로 해야 한다. 하물며 일본의 한 기업에서는 직원을 뽑는 기준으로 식사하는 모습을 본다고 한다. 밥을 깨작깨작 먹는지, 열심히 먹는지 본다는 것이다. 그것만 봐도 그 사람을 뽑아야 할지 말아야 할지 결정할 수 있다고 한다.

필자가 지금껏 살아오면서 경험을 통해 느낀 것은 주도적인 사람이 일도 잘하고 성과도 좋다는 것이다. 일이란 결국 사람이 하는 것이고, 사람이 하는 모든 일은 정신에서 비롯되기 때문이다. 그러니 정신을 그 무엇에도 지배당하지 말라. 강한 정신력만 있다면 어떤 외적인 환경도 당신을 이기지 못한다. 학력이나 돈과 같은 외적인 모든 요소도 그런 정신을 가진 자는 넘볼 수 없다.

거절에서 영업은 시작된다

개척 영업을 하고 돌아오면 오늘은 어땠는지 묻곤 한다. 그러면 99% 이상은 거절을 많이 당해 힘들었다고 말한다. "당신을 기다리던 사람은 없었나요?"라고 물으면, 99%는 잠깐 생각한 후에 없었다고 답한다.

그렇다면 영업을 잘하는 사람들은 어떻게 하기에 개척 영업을 통해 계약을 받아 오는 것일까? 고객 입장에서 볼 때, 고객은 필요한 상품을 언제, 어디서든 구입할 수 있다. 굳이 누가 와서 강요한다고 해서 구입해야 할 이유는 없다.

그렇다면 영업은 왜 하는 것일까? 준비되지 않은 고객에게 일방적으로 다가가 상품을 판매하는 것이 바로 영업이다. 그러다 보니 철저하게 판매자의 입장에서 접근하려는 경향을 보인다. 준비되지 않은 고객들로부터 냉정하게 거절당하는 이유도 바로 여기에 있다.

대개 영업인들은 고객에게 이 상품을 왜 구매해야 하는지, 기존 거래처를 왜 바꿔야 하는지, 오늘 왜 본인에게서 상품을 구입해야 하는지 등을 한순간에 결정하라고 요구한다. 정작 보수적인 고객들에게 충분히 생각할 여유를 주지 않고 몰아붙이는 것이다. 어디 그뿐인가. 왜 구입하면 좋은지를 설명해 주지도 않고 오로지 판매만을 강요한다. 그러니 고객은 당연히 거절 외에는 다른 대안을 찾지 못한다. '거절'할 수밖에 없도록 만들어 놓고, '예스'를 요구하는 것이다.

그렇다면 해결책은 없는 것일까? 영업을 잘하고 못하고는 사실 작은 변화를 얼마나 빨리 감지하느냐, 못하느냐에 달려 있다고 해도 과언이 아니다.

회사에서 여러 명의 설계사들에게 동일한 조건으로 개척 영업을 시켰을 때, 어떤 사람은 잘하고 어떤 사람은 못하는 것에 대한 분명한 결과를 볼 수 있었다. 그것은 바로 고객에게 일어나는 작은 변화를 얼마나 빨리 감지하느냐와 직결되었다.

낚시를 할 때 찌에 아무런 반응이 없다는 것은 물속에 고기가 없다는 것과 동일한 이치다. 개척 영업을 할 때 고객에게서 아무런 반응이 없다는 것은 아무런 관심도 없다는 표현과 같다.

모든 고객이 거절을 한다는 것은 영업의 기본 원리다. 자기

친·인척이 와서 영업을 해도 동일하다. 그래서 영업은 거절에서부터 시작된다고 하지 않던가. 거절당하는 것은 곧 대화할 수 있는 기회가 주어졌다는 말과 같다.

영업 현장에서 필자는 고객들에게 거절을 당할 때마다 능동적으로 대처했다. 그때 사용한 수많은 화법이 있다. 그중에서도 인간적으로 풀어 나가는 방법을 가장 많이 활용했다. 그래야 고객 앞에서 좀 더 많은 말을 할 수 있기 때문이다. 예를 들면 다음과 같이 말이다.

"이렇게 거절해 주시니 차라리 마음도 편하고 부담도 안 돼서 좋네요. 정말 감사합니다. 사실 저도 누가 제 사무실에 와서 부탁하면 무조건 거절부터 했거든요. 거절도 안한다면 영업 사원은 마냥 기다리거나 기대 심리를 가지거든요. 그래서 거절이 감사하다는 겁니다. 만약 거절하지 않고 고객님께서 오는 대로 다 받아 준다면 나중에 영업하는 사람은 영업을 할 수가 없을 것 아닙니까? 그러니 영업하는 사람을 너무 미워하지 마시고 잘하든 못하든 이대로 왔다 갔다 한 일 년쯤 하면 그때는 지금보다 더 관심 있게 봐 주십시오."

이렇게 마무리하면 고객은 미안한 마음이 들 수밖에 없다. 혹은 때로는 다음과 같은 말로 고객의 거절에 대처하기도 한다.

"고객님게는 한 번의 거절이지만 저는 매일 거절을 당합니다. 그러다 보니 구걸도 아니고 강도도 아니고, 거절을 이겨 낼 재간이 없답니다. 가정에서는 아이들의 아버지이자 한 여자의 남편인데, 고객에게 좋은 정보를 주면서도 험난한 대접을 받다 보니 영업이 어렵긴 어렵습니다. 사고로 보상을 많이 받으면 돈을 달라는 것도 아닌데 말입니다. 앞으로는 저희에게 너무 뭐라고 하지 마세요. 지칠 때까지만 봐 주십시오. 오면 얼마나 자주 오겠습니까? 너무 미워하지 말아 주세요."

이런 화법으로 대처하면 고객이 잠궈 놓은 마음의 문을 조금은 열어 놓은 것이다.

많은 이들이 영업을 할 때 모든 조건이 완벽하게 갖춰진 상황을 기다린다. 하지만 자기 부모나 자식 관계에서도 그런 상황은 일어나지 않는다. 필자는 현장에서 개척 영업을 할 때, 거절을 자주 하는 사람에게 이런 말을 해 주곤 했다.

"고객님, 궁금한 것이 있는데요. 혹시 예쁜 아가씨가 예쁜 강아지를 데리고 와서 그 강아지를 판다고 한다면 저에게처럼 무조건 거절하시겠습니까? 거절은 고객님의 마음이라지만, 그래도 보험 공부한다 생각하고 한번 들어 보시고 거절해도 될 것 같은데요. 강아지만도 못한 대접을 받는다는 것은 어쩌면 저에겐 잘된 일인지도 모릅니다. 앞으로는 더 열심히 하겠습니다."

이렇게 말하고 나오면 대부분의 고객은 미안해했다.

이 시점에서 당신이 점검해 볼 것이 있다. 아무런 거절도 없는 사람과 일단은 거절부터 하는 사람을 비교했을 때 누가 더 친밀하다고 생각하는가? 그것은 필자가 개척영업을 하며 느꼈던 것이기 때문에 확신할 수 있다. 대꾸도 없는 사람에게는 사실 아무런 대화나 얻을 것이 없다. 아무 반응도 없다는 것은 무관심하다는 것이다.

반면에 거절을 했다는 것은 계속 대화를 할 수 있는 조건이 만들어졌다고 할 수 있다. 고객이 거절하는 이유는 크게 두 가지다. 하나는 정말 필요가 없어서이고, 또 하나는 기존에 거래하는 사람이 있기 때문이다. 거절이란 이 두 가지 조건에서 대화를 할 수 있는 조건이 만들어졌다는 것이다. 나머지는 화법으로 얼마든지 진행시킬 수 있다.

영업할 때 97% 이상이 무조건 거절하는데, 그것은 그만큼 영업 조건이 좋다는 것으로 생각을 바꿔야 한다. 다시 한 번 강조하지만, 영업은 철저히 고객의 입장에서 생각해야 한다. 고객은 자신이 궁금해하는 것을 직접 묻는 대신 부정 화법으로 표현하는 경우가 의외로 많다.

한 예로 "보험회사는 보험료는 제때 받아 가지만, 보상은 제대로 안 해 준다."고 말하는 사람이 있다고 생각해 보자. 이렇게 말하는 사람은 보험 자체를 거절하는 것이 아니라 표현 방법이 부정적인 것일 뿐 무엇인가를 말하고 싶었을 수도 있다.

고객이 일단 말을 시작했다는 것은 어쨌든 긍정적 징조로 생각하고, 탁구처럼 공이 넘어왔으면 받아쳐야 한다. 그런 경우에는 보상의 원리를 말해 주고 대처를 잘 하면 지금까지 거래하고 있던 기존 설계사와의 비교를 통해 흔들리는 마음을 사로잡을 수도 있다.

순간의 노력만으로 이루어지는 것은 없다

'갈이천정渴而穿井'은 목이 마를 때에야 비로소 우물을 판다는 뜻으로, 미리 갖추지 않은 채 일이 임박해서야 허둥댄다는 말로 사용되는 사자성어다. 많은 사람들이 필자에게 질문하는 것 중 하나가 바로 "어떻게 하면 영업을 잘할 수 있느냐?"다. 영업 잘하는 방법이 어디 한두 가지겠는가. 하지만 그중 하나가 '평소에 꾸준히 개척하고 같은 방법을 끝까지 지속하는 것'이다.

필자의 회사에서 일하는 총무과 직원들을 지켜보면서 느낀 것이다. 몇 년 일하다가 힘들거나 싫증이 나서, 또는 급여를 더 많이 받고자 이직하는 분들이 종종 있다. 그런데 몇 년을 지켜보면 필자의 회사에서 인정받고 꾸준히 일하는 사람이 그렇게 해서 옮긴 사람보다 급여도 많이 받고 직책도 올라가서 안정되고 자유롭게 직장 생활을 하는 것을 본다.

영업도 마찬가지다. 꾸준히 하지 않거나 몇 년 하다가 그만두면 그가 아무리 과거에 영업을 잘했어도 지금은 영업을 전혀 못하는 사람이 되고 만다. 영업을 잠시 접고 떠났다가 다시 돌아와서 영업을 열심히 하겠다고 말하는 사람들을 본다. 하지만 얼마 후 그들이 공통적으로 하는 말이 있다. 전에는 영업을 잘했는데, 지금은 영업 환경이 변했는지 잘 안 된다는 것이다.

그 말은 너무도 지당하다. 영업이란 그렇게 돈이 필요하다고 해서 언제든 시작할 수 있는 것이 아니라는 반증이다. 꾸준함이 없다면 영업 역시 성공하기 어렵다. 반대로 능력이 좀 부족한 사람이라도 일 년 이상 꾸준히 고객 관리를 한다면, 고객이 먼저 연락을 주고 계약도 받을 수 있는 곳이 바로 영업 현장이다.

어떤 사람은 손해보험사에서 근무하다 생명보험사로 갔다가 다시 보험 법인으로 갔다가 자동차 딜러로 이리저리 옮겨 다닌다. 지켜본 결과, 그런 사람이 성공할 확률은 10%도 되지 않는다. 영업은 그렇게 한순간의 노력만으로 되는 것이 아니다. 영업은 가장 먼저 사람의 마음을 움직이고, 그런 상태에서 서서히 상호 간에 신뢰를 다져야 한다. 그런데 직장을 자주 옮기거나 영업 종목을 계속 바꾼다면 어떻게 되겠는가? 고객들은 그런 사람을 믿어야 할지, 말아야 할지 결정의 기로에 설 것이다.

고객이란 최소 일 년 이상의 만남과 소통을 지속할 때, 조금씩 마음의 문을 열게 마련이다. 목이 마르다고 해서 그때부터 영업의 우물을 판다면 계약은 쉽게 나오지 않는다. 필자는 보통 밤 10시 이후부터 시간을 내서 책을 쓴다. 영업을 처음 시작할 때 낮 시간에는 온전히 영업만 열심히 하기로 내 자신과 약속했기 때문이다.

그러다 보니 지금도 매일 새로운 고객을 만들어 가고 있고, 기존 고객들도 세밀하게 관리한 덕분에 예측하지 않은 곳에서 매일 수많은 계약이 들어오는 것이다. 이제는 그만두고 싶어도 고객들 때문에 그만둘 수가 없다. 이렇다 보니 계약을 관리하는 총무만 현재 20명 가까이 된다.

세상을 살다 보면 수많은 직업을 마주하게 된다. 어느 직업이든 그 직업 속으로 들어가면 한결같이 같은 일을 반복하면서 살아가야 한다. 그럼에도 불구하고 영업은 모든 직업을 포기하고 할 것이 없을 때 찾는 직업이라고 생각하거나, 언제든 할 수 있는 직업으로 생각한다면 문제가 있는 것이다.

많은 사람들이 영업을 조금만 노력하면 하늘에서 계약이 떨어지는 직업쯤으로 여긴다. 물론 절대 그렇지 않다. 지속적이지 않고, 미리 준비하지 않는다면 계약이 이뤄질 수 없다. 필자의 경험에 비추어 봤을 때, 보험 영업의 결과는 대개 3개월 후부터 나타났다. 다시 말하면, 최소한 3개월이 지나야 고객의 마음이 움직이고, 어떤 결과를 만들 수 있다는 것이다. 오늘이나 이달의 실적은 이달에 노력해서 이루어진 것이 아니라 이미 3개월 이전부터 나름대로의 방법과 노력으로 만들어진 것이다.

콩나물을 키울 때 생콩에 하룻밤 물을 줬다고 다음 날 내다 팔거나 먹을 수 없는 것처럼, 세상의 이치상 모든 것은 일정한 시간이 경과돼야 결실을 맺을 수 있다. 만약 당신이 영업 실적에 목이 마를 때에야 비로소 현장에 나가서 우물을 판다면, 당신은 그 계약을 받기도 전에 실신을 하거나 영업을 포기하게 될 것이다. 영업을 하다 보면 미래가 보이지 않고, 수입이 불투명하며, 같은 일이 반복돼서 시시하고 재미가 없을 수도 있다.

하지만 힘들어도 매일 꾸준하게, 끊임없이 노력한다면, 언젠가 반드시 영업 실적으로 그 결실을 맺을 수 있다. 어차피 해야 할 영업이라면 전문가를 따라 하며, 더 좋은 방법을 계속 연구하면서 돈도 벌고 명예도 얻고 보람도 느껴야 한다. 그런 자부심을 가지고 열심히 도전해 보기 바란다.

목표를 위해 모든 것을 투자하라

어떤 강한 목표가 있고 반드시 이루기를 원한다면, 당신은 지금 하고 있는 일상에서 무엇인가는 반드시 포기해야 한다. 무엇인가를 쥐고 싶다면 손에 있는 것을 내려놓아야 하는 것처럼 말이다. 변화도 마찬가지다. 자신이 가진 고정관념이나 습관을 버릴 때, 변화는 비로소 내 안에서 이루어진다.

필자가 만나 본 사람들 중 성공한 사람들에게는 하나의 공통점이 있었다. 한결같이 자신이 가지고 있던 습관 중 무엇인가를 포기했다는 것이다. 그럴 때 비로소 그들이 원하는 목표를 향해 질주할 수 있었던 것이다. 포기란 결국 집중과 선택이라는 결과를 불러온다. 지금 당신은 성공을 위해서라면 과연 무엇을 포기하겠는가? 책을 읽는 이 순간 자신의 습관을 바꿀 만한 매력적이고 도전적인 목표가 있는가?

만약 그렇지 않다면 당신은 가장 우선적으로 해야 할 것이 무엇인지 최종적으로 결정해야 한다. 그리고 그 목표를 이루기 위해 필요로 하는 시간을 어느 정도로 잡을 것인지도 계산해야 한다. 그래야 최소의 비용과 노력으로 목표를 이룰 수 있기 때문이다. 또한 그 목표를 이루기 위해서 자신이 포기할 수 있는 것과 포기할 수 없는 것은 무엇인지 곰곰이 따져 보아야 한다.

그 이후부터는 하루하루 최선을 다해 살아야 한다. 한가한 시간은 잡념을 만들고, 어느 순간 부정적인 마음이 스며들어 모든 계획을 한순간 물거품으로 만들 수 있기 때문이다. 그렇다면 당신이 구체적으로 실천에 옮겨야 할 첫 번째 일은 무엇일까? 각종 모임, TV 드라마 시청, 취미생활 등 업무와 관련 없는 것들은 과감히 포기하는 것이다. 그래야만 자신이 목표로 하는 일에만 모든 열정과 시간을 쏟을 수 있다.

군대에 다녀온 사람들은 알 것이다. 초기에 훈련소에서는 각종 훈련과 통제로 훈련병들에게 다른 생각을 할 시간을 거의 주지 않는다. 한 가지 일에만 집중하도록 만들기 위해서다. 당신도 마찬가지다. 그렇게 스스로 훈련과 통제를 실천했을 때, 당신이 그토록 원하던 엄청난 목표를 이룰 수 있다.

앞서 말했던 것처럼, 필자는 7년간 오로지 영업 이외에는 그 어떤 것도 하지 않겠다고 자신과 약속했다. 그리고 약속 기간을 정한 후에 모두에게 공개했으며, 이유를 불문하고 실천에 옮겼다. 그 7년 동안 약속했던 대로 아침 7시면 회사에 도착했고, 밤 11시 이후에야 퇴근을 했다. 그랬기에 정확히 7년 뒤에 모든 직원들의 축하를 받으며 은퇴식을 할 수 있었다.

그 기간 동안 필자는 처음 말했던 대로 오로지 영업을 위해 회사에만 있었다. TV 드라마에서 무엇을 방영하는지 모를 정도로 오직 영업에만 몰두하면서 전력 질주를 했다. 모든 모임은 참석해서 30분 이내에 마치고 돌아왔고, 그 어떤 취미생활도 하지 않았다. 그러다 보니 그 흔한 대학도 아닌 상업고등학교를 나와 이런 영업 관련 서적을 세 권이나 출간했는지도 모른다.

목표를 가진 사람은 누구에게든 차별을 받지 않는다. 목표를 향한 열정이 있는 사람은 그 어떤 사람보다도 우월하기 때문에 주변 사람들의 말이나 부정적인 생각들에 의해 좌지우지되지 않는다. 또한 서운하다거나 모멸감을 느낀다는 생각도 하지 않는다. 실천할 만한 목표를 가진 사람은 애초에 그런 세상의 편견과 장애물을 뛰어넘어 도전하기 때문이다. 그에게 목표를 향한 도전과 실천은 오로지 자신과의 싸움에서 이겨 내는 것뿐이다.

그러기 위해서 당신은 영업 과정을 즐겨야 한다. 그러면 스스로 충전할 수 있는 힘과 성취감이 생긴다. 어떤 삶을 살든 어디에나 행복이 있게 마련이다. 일단 마음을 정했다면, 그곳에 도달할 때까지 앞만 보고 달려야 한다. 그래도 매 순간 끊임없이 나타나는 것이 있다. 그것은 바로 선택이다. 우리는 매일 포기와 인내 중 하나를 선택하라고 요구받는다.

시간은 남녀노소, 빈부에 상관없이 누구에게나 동일하게 주어진다. 인간에게는 각자의 주관이 있기 때문에 성공적인 삶과 실패한 삶을 어느 하나의 기준으로 정한다는 것은 사실 부질없는 일이다. 하지만 보편적인 입장에서 본 성공의 길, 즉 비록 형체가 없는 성공을 위해 한번쯤 도전해 볼 필요는 있다.

그러면 '언제 그런 결정을 할 것인가'가 당장 눈앞에 도래할 것이다. 그리고 '현재 생활을 어떻게 해야 할지'가 숙제로 남게 된다. 그것은 물론 당신 자신이 선택하는 것이다. 평범한 자에게 도전이나 성공이란 단어는 별 의미가 없는 그저 글자일 뿐이다.

영업 방법을 다원화하라

영업인들에게 영업 방법은 큰 관심사 중 하나다. 방법을 모른다고 해서 영업을 못하는 것은 물론 아니다. 하지만 다양한 방법을 안다는 것은 그만큼 경쟁력 있는 영업을 할 수 있다는 것이다. 생각해 보라. 누구나 하는 방법으로 하다 보면 경쟁력이 떨어져 몇 배 더 노력을 기울여야 하지 않겠는가.

누구나 하는 방법으로 영업을 하는 것은 매일 같은 밥상에서 밥을 먹는 것과 같다. 사람들이 분위기 좋은 레스토랑을 찾는 이유는 무엇일까? 평범한 식사 공간을 벗어나 색다른 분위기와 음식 맛을 느끼기 위해서 많은 비용을 들여 가며 외식을 하는 것이다.

어디 그뿐인가? 사람들은 세상을 살아가면서 개인적인 취미나 기호 식품 등 매우 다양한 분야에서 규칙이나 법규를 벗어나면서

까지 만족을 얻는다. 어쩌면 그것은 일상을 탈출하려는 인간의 본능인지도 모른다.

영업도 마찬가지다. 당신도 이제는 익숙하고 전통적인 방식에서 탈출하지 않으면 안 된다. 평범한 방법으로는 기본적인 매출 이상을 기대하기 어렵다. 그것이 바로 기대 심리의 한계점과 맞물려 당신이 추구해야 할 영업의 시작점이라고 할 수 있다.

영업의 종류를 몇 가지로 나눠본다면, 다음과 같다.

1. 이곳저곳 남들이 다녔던 곳을 찾아다니는 '일반적인 영업'

2. 아는 사람들에게서 소개를 받는 '소개영업'

3. 주위의 아는 사람들을 찾아가는 '지인영업'

4. 고객에게 제안을 하는 '제안영업'

5. 식사나 골프, 술자리 접대 등을 이용한 '친교영업'

6. 자신의 전문 지식이나 기술 등을 제공하는 '전문 지식 영업'

7. 문자나 지식 제공으로 신뢰를 얻어서 하는 '문자 지식 영업'

8. 컨설팅이나 강의 등을 이용한 '전문영업'

그렇다면 당신은 이들 중 어떤 영업 방법을 취해야 할까? 이 중에서 어느 한 가지에만 몰두한다면, 일정한 매출 이상을 기대하기란 어렵다. 당신은 먼저 다양한 방법을 적용할 필요가 있다. 당신이 다양한 방법에 대해 모르거나 생각해 보지 않았다면 다른 대안을 찾아야 하는 것은 당연하다.

자신만의 방법을 찾았다면 어떻게 해야 할까? 많은 사람들이 그 방법을 찾았어도 실행 과정이 쉽지 않기 때문에 잠깐 시도했다가 쉽게 포기하는 경향이 있다. 단순한 방법에만 익숙하다 보니 조금만 어려워도 중도에 포기하는 것이다. 따라서 당신만의 영업 방식을 습관화하여 지속 가능하도록 꾸준히 추진해야 한다.

당신은 고객의 입장에서 자신의 영업 방법을 생각해 보았을 때, 새롭고 신선한 영업 방법을 구사하고 있는가? 당신이 하고 있는 방법을 다른 영업사원들이 한 번쯤 관심 있게 귀를 기울이거나 흥미를 가질 만하다고 생각하는가? 만약 그것도 아니라면 왜 그런 방법을 계속 고수하고 있는가? 몰라서인가? 아니면 생각도 못해 봤는가? 아니면 알고도 안 하는 것인가?

이쯤에서 당신이 반드시 거쳐야 할 것이 있다. 고객은 당신에게 왜 보험이나 차동차, 화장품 등을 구매해야 하는지 그 이유를 스스로에게 답할 수 있어야 한다. 영업은 고객에게 어떤 방법으로 신뢰를 주느냐가 핵심이다. 한 달에 한 건을 판매하기 위해 한 달 내내 스토커처럼 방문한다면, 고객은 질려서라도 구매를 해 주고 끝낼 것이다.

하지만 영업은 한 건만 판매하고 끝내는 것이 아니라 계속하여 판매하고 나중에는 소개로 이어져야 한다. 따라서 전략적인 방법이 필요하다. 세상에서 가장 미련한 것은 알고서도 실천을 하지 않는 것이다. 이제부터라도 당신은 자신이 할 수 있는 영업 방법을 개발하고, 적극 실천하기 바란다. 그것이야말로 당신에게 가장 손쉬운 영업 방법이 될 것이기 때문이다.

고객을 빚지게 하라

당신은 자신에게 빚을 진 관리고객이 몇 명이나 된다고 생각하는가? 여기서 관리고객이란 기존에 당신에게 계약한 고객을 포함해 당신이 알고 있는 모든 사람을 통칭한다. 그리고 여기서 빚이란 경제적 부채를 의미하는 것이 아니라 마음속에 진 부채를 의미한다.

그리고 정답부터 말하자면 당신의 관리고객이 몇 명이든 그 모든 사람을 빚지게 만들어야 한다. 정확히 모르거나 통계를 안 내봤다면 왜 그런지를 깊이 생각해 보아야 한다. 그것은 대체로 다음의 이유들 때문일 것이다.

1. 그런 것이 있는지조차 몰랐다.

2. 그런 것을 교육받은 적이 없다.

3. 알면서도 안 했다.

필자는 직접 만나는 고객들이나 문자 영업으로 만나는 사람들에게서 이런 말을 듣곤 한다.

"당신은 시간이 지날수록 마치 넥타이로 목을 점점 조여 오는 사람 같다."

도대체 왜 이런 소리를 듣는 것일까? 그것은 바로 필자가 항상 고객들의 마음을 읽고자 노력하고, 세밀하게 고객 관리를 해 왔기 때문이다. 사실 고객의 마음을 잘 안다는 것 하나만으로도 당신은 얼마든지 영업적인 부담을 줄일 수 있고 높은 성과를 올릴 수 있다. 모든 것의 답은 마음속에 있기 때문이다.

고객들과 만나거나 전화 통화를 하다 보면, 한결같이 필자에게 놀라곤 한다. 그들에 대해서 무엇이든 너무나도 잘 알고 있기 때문이다. 필자는 처음 그 고객과 어떻게 해서 알게 되었는지, 언제 어디서 만났는지, 지금까지 대략 몇 번을 만났는지, 만나서 무엇을 함께 먹었는지, 누구랑 왔는지, 처음 만나서 무엇을 주었는지, 헤어스타일이나 외모는 어떠했는지, 어디에 사는지 등을 꼼꼼하게 기록하고 관리한다. 이 때문에 고객을 만나거나 전화 통화를 하면, 그것들에 대해 자연스럽게 지나가는 말로 대화를 할 수가 있다.

이것은 영업하는 사람이라면 누구나 이론적으로 중요하다는 것을 알고 있고, 실행할 수 있는 내용이다. 하지만 정작 대부분은 실천하지 않는다. 이런 모든 일은 현재가 아닌 미래를 위해 매일 기록하지 않으면 안 된다.

그런데 대화를 하다 보면 고객들은 이렇게 묻는다.

"그것을 어떻게 아세요?"

그러면 필자는 "영업을 하다 보니 그 동네를 자주 갔기 때문입니다."라고 말한다.

그러면 고객들은 "어떻게 그런 것을 다 기억하세요?"라고 되묻는다. 이에 대해 필자는 "아직도 제가 아마추어로 보이십니까?"라고 웃으면서 마무리한다. 이러한 대화는 곧 그들이 생각했던 영업인의 이미지보다 더 높은 평가를 내리게 되어 좋은 결과로 이어지곤 한다. 그리고 이것은 다시 고객 관리를 지속하게 하는 원동력이 된다.

영업으로 돈 벌기가 쉽다는 것은 사실 돈을 많이 벌어서 쉬운 것이 아니다. 눈에 보이지 않는 기초 공사, 즉 모든 기초적인 노력을 다했을 때 쉽다는 것이다. 기초 공사가 어려울 것 같지만, 사실 그리 어려운 것도 아니다. 왜냐하면 당신이 매일 많은 사람을 만나는 것도 아니고, 한 번에 만나는 것이 아니라 순차적으로 만나기 때문이다. 진짜 어려운 것은, 기록이 습관으로 굳어지지 않는 것이다.

산에 오를 때 우리는 높이에 따라 다르기는 하지만, 보통은 완벽하게 준비를 하고 간다. 하물며 성공을 향해 나아가는 영업인이 그만큼도 준비하지 않고 간다면 어떻겠는가? 과연 성공할 수 있겠는가?

가장 어렵다는 클로징, 해법을 찾아라

영업 과정 중에 가장 쉬우면서도 만족감을 느끼는 때가 바로 마무리 단계인 클로징이다. 제아무리 영업을 잘해도 클로징을 잘하지 못한다면, 고생만 하고 허탈감만 남는 기막힌 상황이 벌어질 수도 있다. 그래서 일반적으로 클로징만 봐도 그 사람이 영업을 잘하는 사람인지, 아닌지 바로 판단이 가능하다.

동계올림픽 종목 중에 컬링이라는 것이 있다. 컬링은 스톤이라는 둥근 돌을 하우스라는 원의 중심점인 티에 어떻게 하면 신속하고도 정확하게 넣느냐에 따라 점수를 얻고, 그 점수에 따라 승패가 좌우된다. 컬링이 원의 중심점인 티에 가까이 스톤을 보내는 것에 따라 승패가 결정되는 것이라면, 영업은 고객의 마음이라는 중심점에 어떻게 신속하고 정확하게 접근해 신뢰를 받느냐가 성패를 결정한다고 할 수 있다.

필자는 낚시를 통해 클로징을 자주 설명하곤 한다. 동일한 장소에서 동일한 조건하에 프로와 아마추어에게 낚시를 시킨다고 가정해 보라. 프로가 아마추어보다 훨씬 크고 많은 물고기를 잡는다는 것은 삼척동자라도 알 수 있을 것이다.

그렇다면 그 이유는 무엇일까?

첫 번째는 프로가 아마추어보다 세밀하게 관찰하기 때문이다. 그리고 두 번째는 찌의 움직임을 보고 물고기가 물었을 때 프로가 아마추어보다 낚아채는 순간이 훨씬 빠르기 때문이다. 아마추어는 찌가 움직이는 이유가 바람 때문인지, 물고기의 입질 때문인지를 대개 알아채지 못한다. 그러니 언제 물고기를 낚아채야 할지 판단을 하지 못하는 것은 당연하다. 그에 반해 프로는 오랜 경험을 통해 쌓은 촉을 통해 물고기를 낚아채야 할 순간을 정확히 알고 있다.

그렇다면 이러한 낚시의 원리가 영업 현장에서는 어떻게 적용될 수 있을까? 현장에 나가 개척이나 상담을 하다 보면, 아마추어는 고객에게 언제, 어떻게, 어떤 말로 접근해야 하는지를 전혀 알지 못한다. 고객이 낚시 바늘을 물어서 찌가 움직여도 낚아채지를 못해 계약을 못하는 것이다. 하지만 프로는 사소한 단어 하나, 아주 평범한 질문이나 대화만으로도 벌써 계약 이후의 상황을 대화로 이끌어낸다.

한 예로 고객에게 커피 한잔 얻어먹을 기회가 생겼다고 가정하자. 프로는 "아니, 대책 없고 감당하기 어려운 영업사원에게 이렇게 커피까지 대접해 주시다니 제가 몸 둘 바를 모르겠습니다. 그래도 제가 명색이 설계사인데, 보험이라도 하나 계약해 달라면 어쩌시려고 이렇게 커피까지 다 주십니까? 하지만 저는 영업을 구걸하는 스타일이 아니니 염려하지 마시고 편히 대하셔도 됩니다. 커피, 정말 감사합니다. 잘 마시겠습니다."라고 말한 후 "그나저나 저는 고객님께 드릴 것이 좋은 보험 정보밖에 없으니 정보 하나 드리고 가겠습니다. 제 입장이 아니라 고객의 입장에서 말씀드리는 것이니 오해 없기를 바라며, 5분 안에 마시고 일어나겠습니다."라며 안심시키고, 고객을 리드한다.

그러면 고객은 평소에 자주 들었거나 알고 있는 내용이 아니기에 계속 말해도 가만히 앉아서 들을 수밖에 없다.

"현재 고객님이 가입하신 주택화재보험을 혹시 몇 년 전에 가입하셨는지 기억하십니까? 왜냐하면 만약 실화법을 개정하기 이전에 가입했다면, 우리 집 화재로 인해 이웃집에 손해를 끼쳤을 때는 배상을 받을 수 없기 때문입니다. 현재는 실화법 개정 이후의 보험으로 가입해야 합니다. 만약 우리 집에서 발생한 불로 인해 이웃이 피해를 입었다면, 고의든 아니든 이유를 불문하고 원상 복구를 해 줘야 하기 때문입니다. 귀찮아서 또는 몰라서 보험료는 똑같이 내면서도 보완하지 않고 기존 보험을 유지하신다면, 혹시라도 화재가 발생했을 때 대책 없는 일이 생길 수 있습니다. 그 이유는 기존 보험으로는 이웃집에 관련된 대물 보상이 안 되기 때문입니다. 화재보험은 누구나 필수로 가입하는 것이고, 고객님 역시 가입했을 것이기에 편히 말씀드리는 것이니 양해해 주시기 바랍니다. 얼마 전에 제 고객도 그런 경험을 했기 때문에, 커피라도 한잔 주시는 분께는 감사의 의미로 유익한 정보를 드리는 겁니다. 어차피 화재보험은 아파트 관리비처럼 매월 납입하는 것이라고 생각하면 되고, 혹시라도 중도 해지를 하거나 만기 때 해지 환급금을 찾는다면 여행 자금 등으로 쓰면 되기 때문에 손해 볼 것이 전혀 없는 보험입니다. 현재 가입하신 보험을 다시 한 번 확인하시고, 화재보험이 없으면 이번 기회에 준비하시고, 실화법 이전에 가입하셨다면 보험료를 더 내지 말고 변경하시라는 겁니다. 한 달에 2~3만 원 아끼려다가 평생 모은 재산을 한 번에 날릴 수도 있으니 이번 기회에 가입하시기 바랍니다. 지금이라도 화재보험에 가입하고 싶다면 제게 주민번호와 집 주소만 주시면 됩니다."

이처럼 커피 한잔 얻어먹으면서 고객을 리드하고 자연스럽게 영업을 마치는 것이 바로 클로징 화법이다. 만약 이렇게 클로징을 하지 않는다면 당신은 머릿속으로 '어떻게 접근해야 할까?'를 계속 생각할 수밖에 없다. 처음부터 의도를 가지고 접근하기 때문에 당신은 당연히 구구절절 설명을 해야 하고, 고객의 눈치를 보면서 대화를 진행해야 할 것이다. 그렇게 되면 몇 배의 노력을 기울여도 계약을 절대 성사시킬 수가 없다.

여기서 중요한 것은 고객을 리드하고, 주도하는 것이다. 하지만 그러기 위해서는 많은 경험을 통해 고객의 마음을 읽어야 한다. 운동선수들이 실천처럼 연습하듯이, 당신은 영업 현장에서 실전을 통해 끊임없이 연습하고, 경험을 쌓아야 하는 것이다.

회사와 함께 성장하라

100년 전 인디언들은 금이나 다이아몬드 등 귀한 보석이 얼마나 가치가 있는지를 전혀 몰랐다고 한다. 그러다 보니 그것들을 아이들 장난감으로 사용하기도 했고, 온몸에 치장하기도 했으며, 외지인들이 음식이나 옷가지 몇 개와 바꿔 가도 아까워하지 않았다고 한다.

그러나 시간이 흐르면서 보석은 비극을 불러왔다. 이것들을 빼앗으려는 외부인들의 침탈로 수많은 인디언들이 학살을 당하게 된 것이다. 이를 통해 우리는 가치를 모르는 사람들의 종말이 얼마나 비참해질 수 있는 알 수 있다.

당신은 지금 100년 전에는 상상도 할 수 없었던 새로운 문명의 시대를 살아가고 있다. 하지만 당신 스스로의 가치를 모른다면,

100년 전의 인디언처럼 가치를 아는 자들에게 침탈을 당할 수밖에 없다. 당신은 인디언들의 길을 따라가서는 안 될 것이며, 종속 당하는 자가 아닌 종속하는 자로서의 삶을 살아가야 한다. 거울 앞에 서 있을 때 비로소 자신의 참모습을 볼 수 있는 것처럼, 당신은 이 책을 통해 자신을 되돌아보는 좋은 성찰의 계기로 삼기를 바란다.

그렇다면 보험 영업을 위해 지점과 관리자 그리고 당신은 무엇을 실행해야 할까?

1. 코칭을 하라

당신은 자신의 미래를 위해 또는 좀 더 적극적인 생활을 위해 누군가를 찾아가 진지한 코칭을 받아 본 적이 있는가? 아마도 99% 이상은 그런 적이 없다고 말할 것이다. 그 이유는 국내의 코칭 환경이 미약한 탓도 물론 있지만, 남의 말을 잘 듣지 않고, 따르지 않으려는 한국인 고유의 습성 때문이다.

하지만 진정 성공을 원한다면 반드시 전문가들의 코칭을 받을 필요가 있다. 세계 제일의 프로골퍼 타이거 우즈도 코치를 두고, 그에게서 코칭을 받는다고 하지 않던가. 이처럼 코칭을 하는 이유는 시간 대비 목표를 빠르게 달성할 수 있고, 매사 적극적인 태도를 배울 수 있으며, 판단 능력을 향상시킬 수 있기 때문이다.

필자의 회사를 드나드는 보험회사 지점장들이 몇 명 있다. 모두 똑똑해서 대기업 보험회사에서 일하지만, 필자가 보기에는 답답하고 아쉬운 부분도 있다. 그들 중에는 자신의 자존심도 지키면서 영업상 막히는 부분을 풀기 위해 가끔씩 질문을 하는 사람도 있지만, 보통은 보험법인 대표에게 배울 게 없다고 생각하는지 또는 자존심이 허락을 안 하기 때문인지는 몰라도 진취적으로 접근하는 사람이 별로 없다. 물론 필자가 어떤 사람이라는 것을 너무도 잘 알면서도 말이다.

자기 자신을 과거에 붙잡아 둔 채 앞으로만 나아가고자 한다면 변화란 절대 있을 수 없다. 그 이유는 습관이 행동을 구속하기 때문이다. 그렇다고 손 놓고 기다릴 수만은 없지 않겠는가. 필요하다면 멘토나 코치를 찾아가 대가를 주고라도 배워야 한다. 그 대신 코칭을 받더라도 이론과 실전에서 창과 방패처럼 모순을 동반한 사람을 찾아가서는 안 된다.

보험회사에서 서로 코칭하는 제도도 반드시 있어야 한다. 그 이유는 경력자와 신참과의 유대감 증진은 물론 잘하는 사람과 못하는 사람과의 간격을 좁혀야 하기 때문이다. 또한 영업인들의 애로사항을 회사에서 책임지고 도와주면 개인의 성장과 발전을 통해 회사의 성장과 발전을 더불어 이룰 수 있기 때문이다.

2. 목표를 세웠으면 열심히, 지혜롭게 하라

당신은 자신의 목표를 향해 끊임없이 실천하며 전진하고 있는가? 그 목표를 달성하기 위해 누군가에게 검증을 받거나 컨설팅을 받아 본 적이 있는가?

기본적으로 성공이나 진급은 치밀하게 준비하고 실행하는 사람들이 가져가는 결과물이다. 하지만 열심히만 한다고 되는 것은 아니다. 지혜롭게 하는 법을 먼저 배워야 한다. 무엇을 하든 열심히 하지만 잘하지 못하는 사람들은 대개 일을 안 해서가 아니라 지혜롭게 하지 못하기 때문이다.

당신의 방법이 틀린 것은 아니지만, 직장이나 사회에서 원하는 답은 따로 있을 수 있다. 그 답을 찾아서 배우고 꾸준히 실천해야 한다.

3. 주어진 조건이 어떻든, 꿈을 향해 달려가라

필자는 37세에 3억 원의 부도와 10여 년간의 신용불량자 생활로 어려움을 겪었다. 하지만 매사에 최선을 다한 결과, 42세를 넘어 처음 시작한 보험 영업으로 지금은 많은 것을 누리고 있고 원하던 목표도 이루었다. 그렇다면 어떤 동기가 이런 결과를 만들었을까? 그것은 다름 아닌 내 일에 대한 자신감과 꾸준함, 지치지 않는 성실함과 고객에 대한 약속, 매 순간 스스로에게 굴복당하지 않은 정신력과 믿음 때문이었다.

사실 때로는 포기하고 싶은 생각이 들기도 했고, 열정을 다했던 일을 사정상 포기해야만 했을 때는 속이 상하기도 했다. 하지만 어차피 인생의 과정으로 받아들이고 감당해야 한다고 생각했기에 그 모든 과정을 긍정의 힘으로 이겨 낼 수 있었다. 그 결과, 지금은 그 어느 때보다도 하루하루를 가치 있게 보내고 있다.

꿈을 향해 달려가는 것은 궁극적으로 신이 인간에게 주신 짧은 일생을 값지고 보람되게 살아가는 소중한 과정이다. 따라서 매사 포기와 절망과 부정적 사고가 고개를 들지 못하도록 더욱더 희망차고 도전적인 삶을 살아가야 한다. 그랬을 때 비로소 필자처럼 과거의 실패도 감사함으로 여길 수 있다.

필자는 스스로 살아온 삶이나 그 과정이 정답이라고 생각한 적은 한 번도 없다. 그 이유는 영업이나 개개인의 삶은 모든 것이 정답이기 때문이다. 이 책은 그저 필자의 생각을 단지 글로 옮겨 놓은, 어쩌면 타인이 아닌 자신에게 쓰는 자서전일 수 있다. 그래서 문장의 표현이 부족해도 자신 있게 현재완료형으로 쓸 수 있는 것이다.

4. 당신이 속한 회사를 긍정하라

당신은 자신의 회사가 타사보다 얼마나 좋은지 알고 있는가? 회사 규모나 연봉, 여타의 조건 때문에 다른 회사보다 나쁘다고 생각한 적은 없는가? 대기업도 아니고, 타사의 동급인 사람들보다 급여를 많이 주는 회사도 아니어서 답답한가?

그렇다고 해서 실망할 필요는 없다. 왜냐하면 당신이 근무하는 회사는 당신에게 가장 소중한 회사이기 때문이다. 더 좋은 회사로 이직할 수 있는 개인의 능력 여부를 떠나 합격 통지서를 받았을 때의 초심을 기억해 보라. 합격을 하고 얼마나 기뻤는지 생각나는가? 혹시 합격하고도 기쁘지 않았다면, 그것은 회사가 아니라 그런 회사를 선택한 당신의 문제다.

기억 속에서 흐릿해져서 잠시 잊고 있었는지는 모르지만, 지금 당신이 근무하는 회사에서 출근하라는 소식을 전해 왔을 때, 당신은 기뻐서 춤을 췄을 것이다. 그리고 한때는 회사에서 앞으로의 업무 계획과 자신의 미래를 밤새워 설계했을 것이다. 이처럼 당신이 지금 다니는 회사는 당신에게 기쁨과 희망을 줬던 그런 멋진 회사다.

시시때때로 온갖 어려움도 있었겠지만 당신은 지금까지 잘 이겨 냈고, 현재의 위치에서 열심히 일하고 있을 것이다. 그런 회사에서 당신은 평생을 함께할 회사라는 생각으로 일할 때, 비전을 가질 수 있다. 그러니 지금부터라도 회사에 대한 자부심을 가지고 당당히 자신의 역량을 펼쳐 나가기 바란다. 당신은 남들이 만든 회사에 들어간 것이 아니고, 당신이 새롭게 만들어 나갈 회사에 다니고 있는 것이다.

필자 회사에서도 지켜보면, 어떤 사람은 능동적으로 이끌어 가지만, 어떤 사람은 수동적으로 마지못해 쫓아간다. 능동적이지 못한 사람들을 보면 대체로 자신의 위치도 모른 채 급여에 대해 더 따지고, 매사 불만도 많으며, 본인의 능력을 과대평가하는 경향이 강하다. 그런 사람들은 보통 그런 행동을 통해 본인의 존재 의식을 드러내려는 심리가 강하고, 직원들 사이에서 동조자를 만들어 뭔가를 이뤄 내겠다는 편향적인 생각이 매우 강하다.

세상에는 좋은 회사도, 나쁜 회사도 없다. 왜냐하면 회사는 자기가 판단하고 입사를 결정한 것이기 때문이다. 그런 결정을 한 본인이 자신의 회사를 부인하는 것은 그야말로 자기모순이다. 회사가 부족해 보이면 자신의 능력을 다해 긍정적인 쪽으로 바꿔 가면 된다.

5. 좋은 보험사의 기준을 바꿔라

필자는 어디서 교육하든 제일 좋은 보험사는 동일한 보험료로 고객에게 보장을 가장 많이 해 주는 곳이라고 말한다. 대개 상위 사라고 하면 외형을 기준으로 해서 대기업을 칭한다. 하지만 상위사와 하위사에 대한 판단은 보험 고객을 기준으로 해야 한다. 보편적으로 말하는 상위사란 다음의 조건을 충족시킨다.

1. 시장점유율(M/S)이 높다.

2. 광고를 많이 한다.

3. 좋은 대학 출신자들을 채용한다.

4. 목이 좋은 곳에 사무실을 내고, 인테리어 등이 고급스럽다.

5. 직원들 급여를 많이 준다.

하위사는 이러한 조건에 반대되는 회사를 말한다. 그렇다면 고객 입장에서 상위사는 어떤 회사일까? 동일 담보에 보장 보험료가 저렴하고, 가입액 기준으로 고객에게 더 많은 보장을 해 주는 곳이라고 할 수 있다. 보험사의 모든 돈은 고객의 납입 보험료로 운영되는데 홍보나 지출을 많이 하면 상위사이고, 각종 경비를 줄이고 보장으로 보답하는 보험사를 하위사라고 한다면 그 기준은 뭔가 잘못된 것이 아닐까?

만약 실제로 자신이 판매하는 보험 상품이 어느 경쟁사에 견주어도 밀리지 않고 우수하다면, 가장 큰 영업 경쟁력을 무기로 영업 현장을 장악할 수 있음을 명심하라.

기회를 살리는 마케팅을 하라

1. 남들과 차별화하라

영업이란 무엇일까? 영업은 자신을 고객에게 한순간에 각인시키고, 마음을 완전히 돌려 내 편을 만드는 작업이다. 당신은 지금 그런 영업을 하고 있는가?

이른 새벽부터 일어나 밥을 해 준 아내의 배웅을 뒤로 하고 나서는 똑같은 출근길이지만, 어떤 사람은 임원들의 경영전략회의에 참석하러 출근하고, 어떤 사람은 실적이 부족해 대책회의를 하느라 사무실로 출근한다. 만약 당신이 후자의 경우라면 정말 비참하지 않겠는가. 필자라면 자존심이 상해서라도 목숨을 걸고 일할 것이다. 1차적으로는 자존심의 문제이고, 2차적으로는 회사가 아닌 내 가족을 위해서다.

만약 당신의 경쟁사가 보험 법인에 교육팀장을 상주시킨 후 설계사를 가르치고 설계 대행을 한다고 가정해 보자. 반면, 당신 회사의 지원은 그에 미치지 못한다. 당신은 어떻게 하겠는가. 무기가 없다고 가만히 있을 것인가. 당연히 가만히 앉아 있어서는 안 된다. 당신 회사가 어떤 경쟁력을 가졌는지를 찾아보아야 한다. 만약 경쟁력이 떨어진다면, 회사 상품, 회사 브랜드, 아이덴티티 등 어떤 부분이 떨어지는지 확인해야 한다.

모든 보험사는 사실 저마다의 경쟁력을 분명히 가지고 있다. 부족한 것이 있다면, 회사 전체에 체계화된 마케팅 스크립터scripter가 없다는 것이다.

회사를 찾아오는 지점장들을 보면 대부분이 개성을 살리지 못하는 영업을 하고 있음을 발견한다. 고객에게 자신과 상품을 어필하는 것은 영업에서 아주 기본적인 작업이다. 그런데 비 오는 날마다 청소를 한 것처럼 해도 해도 표가 안 나는 영업을 하는 사람이 많다. 가령 음료수나 과일 등을 사 가지고 가서 총무에게 건네고 법인 대표를 만났다고 자기만족만 한 채 돌아가는 사람들이 있다. 무엇인가를 사 주었다면, 반드시 지혜로운 방식으로 생색을 낼 만큼 내고 와야 한다.

필자가 현장 영업을 할 때의 일이다. 박카스 등 음료수를 사 가지고 갔지만, 내성적인 성격이라서 슬그머니 책상 위에 놓고 왔더니 어느 누구도 고맙다는 소리를 하지 않았다. 그래서 고민에 고민을 거듭한 끝에 다음번에는 얼굴을 마주 보며 음료 뚜껑을 직접 따서 주었다. 그 결과, 고맙다는 말을 10명 모두한테서 들을 수 있었다.

만약 당신이 수박을 사 가려고 생각한다면, 과일칼과 일회용 그릇을 미리 준비해 가보라. 그리고 일일이 썰어 담은 후 일회용 포크에 쥐어 줘 봐라. 아마 감동하지 않을 사람 없을 것이다. 그렇게 하지 않으면 나중에 어느 회사에서 사 왔느냐고 묻지도 않고 우르르 몰려와 먹을 것이다.

화법을 구사할 때도 마찬가지다. 90도로 허리를 숙여 인사하면서 "이곳에 올 때는 항상 뭐라도 사 주고 싶은 마음에 빈손으로 오지를 못하겠습니다. 그동안 너무 많이 도와주서서 고맙고, 앞으로도 저희 회사를 적극 이용해 달라는 마음으로 오늘은 사비를 들여서 사온 것이니 맛있게 드십시오."와 같이 화법을 구사한다면 기대했던 것 이상으로 좋은 결과를 얻게 될 것이다. 아무리 못해도 음식점 배달 사원보다는 낫게 하라는 말이다. 현재 지점장들이 법인 대리점에 와서 영업하는 모습을 보면 대부분 차별화가 없어서 아쉬운 마음이 든다.

2. 인사가 만사다

보험 영업을 하러 와서 건네는 인사만 봐도 대부분이 무척 형식적이고 의미 없는 경우가 많다. 받는 입장에서도 부담 없고, 인상

적이지도 않은 그런 인사를 매일 한다. 그 이유는 인사법에 특별한 점이 없기 때문이다. 사무실에 들어와서 여기저기 닥치는 대로 어수선하게 눈썹 인사부터 하고. 목소리 나는 곳으로 고개를 돌려 눈으로 답변 인사를 하면 끝이다.

인사는 서로 간에 예의를 갖추어야 하지만, 영업에서는 상대에게 부담을 주는 것이어야 한다. 필자 회사의 설계사들도 인사할 때는 계산된 인사를 하는데, 아직 90도까지 허리를 숙여 인사하는 지점장은 별로 보지 못했다. 자신을 낮출수록 높아진다는 사실은 누구나 잘 알고 있겠지만, 머리를 숙이면 모자는 떨어질 수 있어도 인격은 떨어지지 않는다는 것은 모르는 것 같다.

영업에서는 인사 하나가 법인카드 100만 원의 가치보다 크다. 당신은 상대방의 마음을 움직이는 인사를 하고 있는가? 인사를 할 때, 매번 상대를 의식하며 한다면 영업용 인사라고 할 수 있다. 인사 한 번, 악수하는 방법 하나도 연구, 또 연구해야 한다.

내 편을 만드는 필살기를 구사하라

필자는 영업의 대표 주자가 보험 영업이라고 생각한다. 여타의 상품들은 대개가 눈에 보이는 실물을 판매하지만, 보험은 미래의 불확실한 위험을 가정해 사전에 대비하고 보장하면서 눈에 보이지도 않는 상품을 판매한다. 그것도 그냥 한두 번이 아니라 10년, 20년이라는 약속된 오랜 기간 동안 매월 일정한 돈을 보험사에 납입한다.

또한 일반적인 상품처럼 소비를 하고 난 후, 고객이 먼저 찾아와서 구매하는 상품도 아니다. 대개 설계사가 고객들을 찾아다니며 설득해 판매하는 무형의 상품이다. 고객들은 상품의 실체가 당장 눈에 보이지 않기 때문에 대개 계약하는 순간부터 손해를 보았다는 생각을 가지게 마련이다. 그래서 오히려 충동구매가 발생하지 않는 상품 중 하나다. 그런 이유 때문에 필자는 보험 영업을 영업의 대명사, 즉 영업의 대표 상품이라고 말하는 것이다.

게다가 상품 금액도 크다. 매월 납입 금액 10만 원에 납입 기간을 20년이라고 가정한다면 무려 2,400만 원가량의 상품을 판매하는 것이 된다. 게다가 보험회사는 설계사가 됐든 지점장이 됐든 모두가 합심해서 고객에게 영업을 해야만 성장하는 특성을 지니고 있다. 그렇다면 어떻게 해야 보험 영업을 잘할 수 있을까? 다음의 내용을 참고하면 방법을 찾을 수 있을 것이다.

1. 타깃 영업을 하라

타깃 영업이란, 정확한 목표를 설정하고 거기에 모든 역량을 집중하는 것을 말한다. 멧돼지를 잡기 위해 산에 총과 화살을 난사한다고 가정해 보자. 그런다고 멧돼지가 잡히겠는가.

영업도 마찬가지다. 먼저 자신이 공략하려는 분야와 대상을 정한 후에 분명한 목표를 설정해서 공략해야 한다. 가령 대상을 의사면 의사, 변호사면 변호사와 같이 명확히 정하고, 매출 목표를 기존 매출보다 30% 이상 높게 잡는 것과 같이 말이다.

그리고 매출 목표는 연, 월, 주, 일과 같이 기간별로 나눠서 구체적으로 잡아야 한다. 또한 기간별 매출 목표를 달성하기 위한 구체적 실행 계획도 세세히 잡아야 한다.

그렇게 모든 계획을 세웠다면 이제 실행 단계로 들어가야 한다.

인간에게 주어진 가장 공평한 선물인 시간과 개인의 노력을 투입함으로써 계획을 몸소 실천하는 것이다. 그러기 위해서는 아침부터 저녁까지 자신이 가진 가용 시간을 매출 증가에만 온전히 투자해야 한다. 영업에서는 곧 실적이 무기이고, 훈장이며, 승진이기 때문이다.

2. 법인카드를 잘 활용하라

지점장이 본사로 차출되어 가거나 퇴사할 때 가장 아쉬운 것 중 하나가 법인카드라고 한다. 평소에는 잘 모르지만 그만큼 법인카드가 쓸모 있다는 뜻이다.

지점장이 진급할 수 있는 길은 오로지 실적밖에 없다. 영업상 대부분이 법인카드를 사용하지만, 정작 실적 증가를 위해 치밀하게 계산하며 사용하지는 못하는 것 같다. 법인카드를 사용할 때는 매월 사용하는 카드 지출이 실적 증가에 얼마나 도움이 되는지를 점검할 필요가 있다. 고객들과 단순히 식사를 하거나 술을 마시는 데 사용할 수도 있지만, 실적에 영향을 미치는 곳에 사용하는 지혜를 발휘할 필요가 있다.

3. 한 번을 해도 완벽하게 준비하라

영업에 대한 준비는 항상 100점이 아니라 500점의 만족을 얻도록 해야 한다. 그래도 정작 실전에서는 100% 달성이 어렵기 때문이다. 그러기 위해서 고객의 기본적인 정보 파악은 필수다. 법인을 담당하는 지점장의 경우 법인 대표, 총무, 사용인들의 배우자나 자녀의 이름, 직업, 취미, 특기, 기호 식품 등 그들 가족의 정보까지 파악하고 있어야 한다. 그래야 그들에게 어떤 도움을 줄 수 있을지를 생각할 수 있기 때문이다.

얼마 전 신문에 한 초등학교 교감선생님이 전교생의 이름을 다 외운다는 기사가 났었다. 아마 학생들 이름을 다 외운다고 해서 그 교감선생님의 월급이 더 많아지지는 않을 것이다. 하지만 지점장들이 거래처 사람들의 이름을 다 외운다면 어떻게 될까? 지금보다 10배는 더 많은 계약이 성사될 것이다.

지점장들이 법인에 속한 설계사들을 만났을 때, "아드님은 군 생활 잘하고 있나요?" 또는 "대학은 잘 다니고 있습니까?" 또는 "따님이 아직 취업을 안 했다면 보험회사에 한번 도전하라고 해 보시죠!"와 같이 말해 준다면 감동하지 않을 사람은 없다. 또한 가족들의 안부를 수시로 묻거나 초등학교에 진학하는 법인 총무의 자녀가 있다는 것을 파악해 노트 한 권이라도 사 준다면, 유대관계가 생겨 내 편을 만들 수 있다.

그렇게 하는데도 계약이 안 들어오겠는가? 하물며 고객사에서 담당 직원의 이름만 제대로 기억해서 불러 줘도 당신의 실적은 크게 달라질 수 있다. 만약 당신이 이름이나 정보를 잘 기억하지 못하는 사람이라면 휴대 전화나 고객 관리 프로그램과 같은 문명의 이기를 활용할 필요가 있다.

4. 만나는 방법도 영업이다

법인 대표와 식사를 하거나 술을 마시고 법인 총무들과 식사를 하고 나면, 많은 사람들이 오늘도 영업을 열심히 했다고 마음속으로 뿌듯해할 것이다. 하지만 그런 방법이 과연 효과가 있을까? 도대체 얼마나 효과가 있는 것일까?

사실 타사로 넘어가는 계약을 당신 회사로 바꿀 만큼 영향력이 그리 크지는 않다. 왜냐하면 그런 접대는 당신 회사만 제공하는 것이 아니기 때문이다. 법인 입장에서도 그런 대접은 한순간이다. 총무들도 당연히 그러려니 하고 생각하기 때문에 현상을 유지하는 것, 그 이상도 이하도 아니다.

그러나 어차피 고객과 함께 식사를 하기로 결정했다면 대상자를 정해 집이나 회사 근처로 직접 찾아갈 필요가 있다. 지나는 길에 들렀다며 불쑥 치킨이나 피자를 사 간다면, 고객은 예상치 못한 감동을 받을 수도 있다.

이 외에도 실적 증가를 위한 구체적이고도 다양한 실천 방법을 지점장 입장에서 서술해 보겠다. 일반 설계사들은 참고해서 활용하면 될 것이다.

■ 관리하는 모든 법인들의 정보를 가공하여 관리하라. 회사명, 대표 이름, 담

당 총무 이름, 총무 숫자, 사용인 숫자 및 영업을 잘하는 설계사 이름, 총매출, 매회 방문한 일자 및 방문 시간, 지난 일 년간 매출 현황 등을 한눈에 볼 수 있도록 표나 프로그램으로 관리한다.

■ 그들을 공략할 방법은 무엇인지, 언제 방문할 것인지, 공략 키 포인트는 무엇인지를 집중 연구한다.

■ 다양한 공략 방법과 법인마다 좋아하는 먹거리나 전산교육 지원 등 그들이 좋아할 만한 것을 파악해 둔다.

■ 매일 한 법인에서 세 명 이상의 설계사에게 5분 이상 일대일로 대화한다. 이때 보험 상품을 소개하고, 설계 화면에서 보험료 산출법을 가르쳐 주면, 시간이 흐르면서 엄청난 매출 증가와 파급 효과가 발생한다.

■ 문자 영업을 하라. 문자로 관리하는 것은 받는 입장에서는 별로 달갑지 않지만, 시간이 흐르면 이보다 더 좋은 방법이 없다는 것을 알게 된다. 문자는 최고의 영업 방법이다.

■ 타사와 비교되는 교육을 찾아서 하라. 상품 교육이 아닌 코칭이나 영업 기술을 교육하라. 교육은 가능한 한 자사 연수원이나 본사 강의장에서 진행하고, 점심 식사까지 제공한다면 효과가 더욱 좋다.

■ 일대일로 설계사의 전산교육을 지속적으로 실시하라.

■ 담당 총무나 설계사들을 집중 관리하고, 선물이나 영화표 등을 제공하여 내 편으로 만들어라. 선물을 줄 때는 포장을 잘해야 한다. 주는 것보다 더 중요한 것은 화법이나 실물의 포장이다.

■ 특별 대접을 받는 것처럼 느끼게 만들어라. 호의적인 설계사나 담당 총무

에게는 식사 등을 제공하는 것도 필요하다. 식사를 제공할 때는 사전에 공지하지 말고 30분 정도 이동 시간을 가져라. 가급적 흔하지 않은 음식, 귀한 음식을 대접하면 기억에도 오래 남고 좋다.

문자의 힘을 믿어라

영업에서 문자는 상상 이상의 영업 결과를 가져올 수 있는 좋은 방법 중 하나다. 실제로 필자는 지금까지 문자를 활용해 어마어마한 계약을 해온 산증인이기도 하다. 신용정보법에 의해 고객의 동의를 미리 받을 수만 있다면, 매일 고객을 직접 찾아다니며 만나야 하는 모든 수고를 문자 하나로 대신할 수 있다.

매월 당신이 1회 40원짜리 문자 하나로 3년간 36회를 발송한다면, 한 사람에게 3년간 소요되는 총 비용은 1,440원에 불과하다. 고객과 만나서 식사하는 금액은 고사하고, 지하철 교통비에도 못 미친다. 만약 당신이 고객 한 사람을 매월 1회씩 3년간 찾아다닌다면, 시간은 제쳐 두고라도 1회 비용을 4,000원만 잡아도 무려 144,000원이 된다. 제아무리 영업을 잘하는 사람이라도 한 고객을 매월 찾아다닐 확률은 극히 낮다.

문자는 한 번의 발송만으로도 상당수의 고객에게 신뢰를 주는 엄청난 힘을 가지고 있다. 그리고 문자는 전국에 있는 모든 고객을 원하는 시간에 동시다발적으로 찾아갈 수 있는 장점을 가졌다. 또한 평소 당신을 의식하지 않는 고객들에게도 자신의 성실성을 자연스럽게 알릴 수 있는 최고의 방법이기도 하다. 그런데 고객 입장에서 보면 이러한 문자를 스팸으로 받아들일 수 있는 단점도 있다.

그래서 문자는 자신의 입장이 아닌 고객의 입장에서 발송해야 한다. 날씨 안내나 날짜도 맞지 않는 생일 축하 등 영혼 없는 문자를 영업이라고 확신하고 실행한다면 자신의 가치만 점점 더 하락할 뿐이다.

어떤 사람들은 문자 내용이 많으면 고객이 다 읽지 않는다고 말하기도 한다. 하지만 어차피 읽지 않는 사람은 글자가 많든 적든 읽지 않는다. 당신이 먼저 염려해서 줄일 필요는 없다. 그보다는 읽을 사람을 위해 매사 생명과 영혼을 불어넣는 문자 작성에 최선을 다해야 한다.

필자는 문자 영업으로만 2009년 11월경 한 달에 장기보험을 무려 187건이나 받아 본 적도 있다. 지금도 많은 분들이 와서 직접 눈으로 보고도 이해 못할 만큼 영업의 성과를 문자 하나로 만들어 가고 있다. 필자의 경험에 따르면, 문자는 고객에게 자신의 성실성을 합법적으로 증명하는 최고급의 영업 방법이다.

필자는 다른 곳에서는 절대로 알려 주지 않는 유용한 정보를 모든 고객에게 일시에 전달하는 것을 목적으로 하고 있다. 읽지 않을 사람에게 보내는 것이 아니라 읽을 사람에게 유용한 것으로 준비하고 있다.

필자는 장문 문자를 한 번 보낼 때마다 최소 20일 전부터 문자를 준비한다. 수백 번 이상을 수정하고 검토를 반복한 후에 최종적으로 발송한다. 문자는 대부분이 실제 발송하는 시간대에 받아 보기에 그 시간대 고객들의 생각과 기분까지도 미리 감안해야 한다. 발송 시간은 특히 중요하다.

필자는 7년 동안 설계사들에게 보내는 문자를 출근 시간인 8시 20분에 발송했다. 출근할 때 문자를 받는 설계사들의 입장에서 생각했던 것이다. 출근을 하는 건조한 시간에 지속적으로 문자를 받는다면, 어느 순간 무의식적으로 문자를 기다리게 되고, 문자를 받으면 인슈첵크를 기억하게 되고, 문자를 통해 하루를 묵상으로 시작할 수 있기 때문이다. 그렇게 오랫동안 문자를 발송하다 보니 사정상 문자를 발송하지 못하면 무슨 일이 있는지 먼저 연락을 주는 분도 있다.

만약 그런 기준 없이 본인이 편한 시간이라고 아무 때나 발송하면 어떻게 될까? 만약 8시 30분에서 9시 사이에 발송한다면, 설계사들은 아침 회의 시간에 걸릴 것이다. 그리고 한낮에 문자를 발송한다면, 바쁘고 어수선한 마음 때문에 제대로 읽지 못할 수도 있어서 효과가 반감될 수 있다.

그리고 전국에 있는 자동차 딜러 2만 명가량에게는 낮 12시 10분에 문자를 발송한다. 그 시간이 바로 점심시간이기 때문이다. 12시 10분 정도면 대부분이 교육도 끝나 사무실을 나와 식당에서 식사를 주문하는 시간이다. 주문한 식사가 아직 나오지 않아 마땅히 할 일이 없는 시간이기에 읽을거리를 주고자 함이다.

그러나 당장의 결과 얻기를 원하는 경우에는 12시 50분에 문자를 발송한다. 그 시간은 식사를 마치고 차 한잔 마시며 사무실로 복귀하는 시간이기 때문에 받아본 문자 내용에 대한 여운이 가시지 않은 상태에서 즉시 피드백이 가능하기 때문이다.

명절 문자도 그렇다. 대부분의 영업인들은 명절 전날에 문자를 발송한다. 하지만 그 날은 너무 많은 사람들이 동시에 문자를 보내기 때문에 묻혀 버리기 십상이다. 그때 영혼 없는 단체 문자를 받아 보고 좋아할 사람은 없다. 돈 들여 좋은 뜻으로 문자는 보냈지만, 자기만족에 불과하다. 만약 명절 마지막 날 오후 4시쯤 문자를 발송한다면, 귀경하느라 힘들고 나른한 시간이라 고객은 '그 사람 참 열심이야!'라는 평가밖에 하지 않을 것이다.

이처럼 문자 영업은 무척 쉽고 단순해 보이지만, 많은 생각과 노하우가 필요하다. 발송 시간대도 고객의 직업에 따라 달라야겠지만, 최소한 문자에 영혼을 담아 보내야 할 것이다. 그리고 매일 콩나물에 물을 주는 것처럼 몇 년간 실행한다는 원칙을 정한 후, 지속적으로 보낸다면 분명 엄청난 성과를 얻게 될 것이다.

영업대청소를 하라

인간은 누구나 자신의 영역에 대한 애착을 가지고 있다. 그래서 항상 쓸고 닦으며 깨끗이 하는 것이다. 청소란 소중한 것에 대한 애정의 표현이자 배려이며, 비우고 채우는 인간사의 본격적인 시작이라고 할 수 있다. 어디 그뿐인가. 마음을 다잡는 행위이기도 하다.

어느 날 필자가 사무실에 앉아 일을 하고 있는데 영업을 잘한다는 회사 소속의 설계사 몇 분이 노크를 하고 들어왔다. 그러고는 한 분이 앉자마자 "요즘 개척하기도 만만찮은데 어떻게 하면 이런 난국을 헤쳐 갈 수 있을까요?"라고 질문을 했다. 영업을 하는 사람에게는 너무도 빈번하고 평범한 질문이지만, 그날따라 그 질문이 무겁게 느껴졌다. 어쩌면 경력자들에게는 알면서도 알 수 없는 영업의 본질에 관한 것이었다.

그래서 한 가지 방법을 알려 주었다. 그 방법은 자칭 표현하자면 대청소다. 뚜렷한 자신의 영업 지역이 있는 사람의 경우, 다른 곳을 개척하는 데만 마음을 두지 말고 먼저 자신의 영업 지역을 깨끗이 청소하듯이 다시 한 번씩 돌아보라는 의미였다. 보통의 설계사들은 자신이 지나온 길은 돌아보지 않고 오로지 앞만 보고 나아가는 습성이 있기 때문이다.

영업인들에게는 보통 자신의 영업 지역이 있다. 가령 서울 영등포구 당산동을 가장 자주, 그리고 많이 찾아간다면 보통은 영등포를 자기 지역이라고 말한다. 그런데 보통 영업을 하는 것이 막막해지면 자기 지역을 놔두고 전혀 다른 지역으로 영업을 하러 가는 것을 보게 된다. 대청소라는 말로 필자는 이 방법이 별로 좋은 선택이 아니라고 에둘러 말한 것이다.

영업은 사실 자신이 가장 잘 아는 지역에서 하는 것이 정답이다. 자신이 방문했던 고객들을 제대로 돌보지 않고 새로운 곳을 개척하겠다며 인천이나 일산, 분당까지 방문한다고 해도 그 지역의 접근성이 기존 지역보다 절대 좋을 수는 없다. 우선 낯설게 느껴지고 꾸준히 그리고 평생 방문할 수 있는 근거가 부족하기 때문이다.

그렇다면 해결 방법은 무엇일까? 집에서 대청소를 하듯 가장 만만한 곳부터 청소를 하는 것이다. 자신이 활동했던 지역을 정기적으로 방문해서 그릇을 닦아 내듯 고객을 한 명 한 명 다시금 닦아 주어야 한다. 그러다 보면 과거에 청약서를 주었지만 보험 가입을 하지 않았던 사람, 계약은 했지만 해지한 사람, 보험 가입을 부정적으로 여겼던 사람들을 다시금 만나는 기회를 가질 수 있다.

매번 있는 그대로의 상태를 먼지떨이로 털어 내면 변할 것이 없다. 하지만 고객을 한 분 한 분 세밀하게 닦다 보면 최소 30% 정도의 새로운 계약을 받아 낼 수 있다. 그런데 이 방법은 기존 고객을 평소에 제대로 관리했을 때만 가능하다. 대충대충 했던 영업이라면 큰 효과를 거두지 못할 수도 있다. 이유를 불문하고 영업은 낯설지 않은 만만한 곳에서 하는 것이 좋다.

지속적으로 자기 관리를 하라

연말 연초가 되면 많은 사람들이 새해 목표와 계획을 세운다. 가령 담배를 끊겠다거나 살을 빼겠다거나 독서를 하겠다거나 하는, 일 년 동안 자신이 실천할 청사진을 그리는 것이다. 그때 서점에 가 보면 사람들의 그런 마음을 헤아리고 있다는 듯이 수많은 자기 계발 서적들이 진열되어 있는 것을 볼 수 있다.

당신은 어떤가? 연말 연초가 되면 어떤 목표와 계획을 세우는가? 영업에 대한 목표도 세우는가? 필자는 영업인들과 사적으로 대화를 나누면서 새해 목표와 계획을 물었을 때, 영업에 대해 언급하는 사람을 별로 보지 못했다. 그것은 그저 회사의 목표, 즉 워크숍이나 미팅에서 발표하는 외부 목표라고 생각하기 때문일 것이다. 그런 사람들에게는 필자가 경험을 통해 얻은 다음의 10가지사항을 실천해 볼 것을 권한다.

첫째, 남과 경쟁하려 하지 말고 자기 자신과 경쟁하라. 자기 자신도 이기지 못하면서 남을 이길 수는 없다. 이 책에서 누차 말했지만, 필자는 내 자신에게는 절대 지지 않겠다고 다짐했고, 그렇게 하고자 끊임없이 노력해 왔다. 그 결과, 100%까지는 만족하지 못하지만, 90% 이상은 내 자신을 이기는 삶을 살고 있다.

둘째, 자신을 항상 격려하라. 자신에 대한 믿음이 없는 상태에서 무슨 일을 할 수 있으며, 어떤 성과가 나오겠는가. 믿는 자에게 복이 있다고 했다. 그 복이란 것이 하늘에서 뚝 떨어진 것이겠는가. 자신에 대한 믿음을 기초로 불철주야 노력한 결과일 것이다.

셋째, 단점은 고쳐 나가고, 장점은 살려라. 그러기 위해서는 자신의 단점과 장점을 정확히 파악하는 것은 기본이다. 즉, 자신을 잘 알고 있어야 한다는 의미다. 장점이야 대체로 잘 파악하고 있을 것이고, 계속 밀고 나가면 된다. 그러나 단점을 고친다는 것은 생각처럼 쉽지 않다. 자신에게 절대 지지 않으려는 근성이 뒷받침되어야만 바꿀 수 있다.

넷째, 과거의 잘못은 관대하게 용서하고, 잊어라. 그렇지 않으면 그것은 평생 자기 자신을 괴롭히기 때문이다. 그래서 예수님도 원수를 사랑하고, 회계하고, 너의 모든 염려와 걱정을 예수님께 맡기라고 했는지도 모른다. 여기서 과거란 어떤 사건이나 행위를 말한다. 잘못된 생각이나 습관은 고쳐 나가야 한다.

다섯째, 고칠 수 없는 것은 무조건 수용하라. 이 말은 자신의 외모나 가정 환경 등과 같이 인위적으로 바꾸기 힘든 것은 억지를 부리지 말고 인정하라는 의미다. 영업의 세계에서도 안 되는 방법을 끝까지 고집하다가 떠나는 사람들이 있다. 안 되는 것은 수긍하고, 가볍게 놓아 주거나 포기하는 것은 당신의 정신 건강과 행복에 있어서 절대적으로 필요하다.

여섯째, 자신을 끊임없이 개선하고 바꿔라. 자신을 끊임없이 개선한다는 것은 노력하면 이룰 수 있고, 바꿀 수 있다는 믿음에서 출발한다. 인생은 평생을 공부하는 것이라고 할 수 있다. 학교에서 배우는 공부가 전부라면 인생이나 세일즈나 무슨 재미와 발전이 있겠는가. 여기서 공부란 자기 자신을 끊임없이 갈고닦는 것을 의미한다. 수신제가치국평천하修身齊家治國平天下라 했다. 선조들은 나를 갈고닦는, 즉 수신修身을 위해 무던히 공부했다.

일곱째, 끌려가지 말고 주도하라. 무엇을 하든 마지못해 하는 사람이 있다. 그들의 얼굴에는 대체로 내 천川 자가 자리한다. 표정이 없거나 어둡다. 그런 사람을 만나면 흥이 나지 않는다. 자연스레 멀어질 수밖에 없다. 특히 영업을 하는 당신은 적극적으로 모든 상황, 모든 모임을 주도해야 한다. 그러면 자연스레 얼굴에 생기가 돌고, 표정도 밝아진다. 그것 자체가 바로 영업이다.

여덟째, 반드시 성공한다고 믿어라. 이 책을 쓰고, 현재 새로운 영업을 계획하는 것은 '나는 할 수 있다.'는 분명한 소신이 있기 때문이다. 필자는 앞으로 3년 안에 전국에 있는 자동차 딜러들에게 보험설계사 시험을 치르게 해 3천 명 정도를 본사 소속 설계사 사용인으로 만들 계획이다. 또한 장기보험 매출을 한 달에 일 인당 평균 10만 원을 기준하여 3억 원 이상 만들려 하고 있다. 보험 영업을 아는 사람이라면 하늘에서 살아 있는 황소가 떨어지는 것보다 더 불가능하다고 생각하겠지만, 분명한 것은 그 꿈을 향해 지금도 나아가고 있으며 실천하고 있다는 것이다.

아홉째, 항상 정직한 모습으로 일하라. 대한민국에서 필자처럼 자신이 부도났다고 언론에 홍보하고, 과거부터 현재까지의 일상을 책으로 만들어 판 사람은 별로 없을 것이다. 그것은 스스로가 학력이 높거나 잘나서 그런 것이 아니다. 솔직한 내 모습을 알리려는 순수함에서 비롯된 것이다. 사람이나 일도 마찬가지다. 필자는 있는 그대로 드러내고, 있는 그대로 말한다. 그러면 그것이 분명 필자에게 어떤 식으로든 보상을 해 주리라 믿기 때문이다. 그 결과, 엄청난 고난과 부도의 풍파를 이겨 내고, 10여 년 만에 상상할 수 없는 결과물로 만들 수 있었다.

마지막으로 열째, 재능을 기부하는 마음으로 주위 사람을 도와라. 그리하면 당신은 평소에는 몰랐던 자신의 존재 가치를 다시 한 번 느끼게 될 것이다. 지금은 사회 각 분야에서 재능 기부를 하고 있지만, 이 용어가 널리 사용된 것은 불과 얼마 되지 않는다. 재능 기부는 기부의 새로운 형태로 개인 · 단체 · 기업이 가지고 있

는 재능을 기부함으로써 사회에 기여하는 것을 말한다. 영업을 하
는 당신은 과연 어떤 재능을 기부할 수 있을까?

절대 긍정, 긍정의 힘은 위대하다

영업을 준비할 때, 당신은 가슴이 설레는가? 만약 그렇지 않다면 고객을 만나거나 영업을 하러 나가서는 안 된다. 그런 감정 없이 고객을 만나거나 영업을 나가면 대부분 실패하기 때문이다. 고객은 당신의 표정과 행동, 즉 비언어적 요소만 잠깐 접해도 당신이 어떤 상황이고, 어떤 마음으로 자신을 대하고 있는지 금세 눈치챈다.

설렘이란 당신이 무엇인가를 간절히 원하거나 제대로 해 보고 싶을 때 가슴속에서 용솟음치듯 벅차오르는 감정이라고 할 수 있다. 그런 감정이 생겨날 때 당신은 비로소 거절과 같이 두려움을 불러일으키는 요소들을 극복할 수 있다. 사랑하는 사람을 만나던 기억을 한번 떠올려 보라. 그때 당신은 너무나 간절히 상대방을 원하고, 함께하고 싶었을 것이다.

그렇다면 설렘은 어디에서 기원하는 것일까? 바로 잘될 것이라고 여기는 감정, 즉 긍정에서 기원한다. 하지만 긍정은 그냥 가만히 있어도 자연스럽게 생겨나는 그런 것이 아니다. 인간은 태초부터 원죄를 가지고 태어났기에 긍정보다는 오히려 부정에 익숙할 수밖에 없다. 따라서 긍정이란 감정은 인위적이고, 지속적인 노력으로 만들어지는 것이다.

당신은 영업을 하면서 많은 거절을 당해 봤을 것이다. 거절을 당하고 나면 어떤 감정이 들었는가? 아마 의욕이 떨어지고, 좌절감을 느꼈을 것이다.

그러면 어떻게 될까? 한두 번의 거절은 그러려니 하고 넘어갈 것이다. 하지만 자꾸 거절이 반복되면 상황은 달라진다. 두려움이 점차 팽배해진다. 그러면 영업을 나가는 것이 두려워지고, 고객과 만나는 상황이 싫어진다. 자라 보고 놀란 가슴 솥뚜껑 보고 놀란다는 말처럼, 또 거절을 당할 것 같은 생각이 들기 때문이다. 마음속에 뿌려진 부정의 씨앗이 점점 가지를 뻗고 자라나면서 그나마 있던 긍정의 씨앗마저 말라죽게 만드는 것이다.

그러면 당신 안에는 온통 부정이라는 감정이 독버섯처럼 자리하게 된다. 그러고 나면 게으름이나 일탈로 이끌거나 그것을 정당화해 당신의 생활과 습관, 영업 자체를 완전히 좀먹게 된다. 따라서 당신 안에서 긍정과 부정이 맞서 싸우고 있다면, 긍정의 힘을 믿고 그것을 선택해야 한다.

당신의 마음속에는 부정과 긍정이라는 두 가지 씨앗이 항상 공존하고 있다. 두 씨앗은 상황에 따라, 그리고 마음먹기에 따라 그 승자가 바뀐다. 사람의 마음속에 만감이 교차한다고 말하는 것은 바로 그 때문이다. 이때 승자를 결정하는 것, 즉 긍정과 부정이라는 씨앗 중에 어떤 씨앗을 뿌리고, 키우며, 거둘 것인가는 당신 몫이다.

거절을 당하거나 힘든 일이 생기면 당신의 마음속에는 부정적인 씨앗을 뿌리고 싶은 마음이 간절해질 것이다. 그러나 그 씨앗을 뿌리는 순간 당신의 마음속에 있던 긍정의 씨앗은 흔적도 없이 사라지고 만다. 부정과 긍정은 공생 관계에 있지 않다. 하나가 살면 하나가 죽는 기생 관계다.

따라서 당신이 영업을 잘하려면 부정적인 마음을 자신의 정신세계에서 완전히 삭제해야 한다. 그리고 겨자씨처럼 아주 작을지라도 긍정의 씨앗을 뿌려야 한다. 그래야만 당신은 부정적인 마음을 이겨 내고 고객에게 다가갈 수 있다. 고객에게 다가갔다는 것은 그만큼 성공에 한 발짝 다가갔다는 의미다.

카네기 연구소에서 백여 명의 저명한 비즈니스맨을 대상으로 지능검사를 했다고 한다. 그 결과, 사업적인 성공이 지능보다는 인간성에 달려 있다는 결론을 얻었다고 한다. 긍정은 인간성을 좌우하는 핵심이다. 긍정이 성공을 부른다.

성공한 많은 사람들이 긍정을 자신의 성공 비결로 꼽은 이유도 바로 여기에 있다. 긍정은 사람을 적극적이고 주도적으로 만든다. 인생의 노예가 아니라 주인으로 만든다. 주변의 모든 것들은 항상 최적의 상황이 될 수 없다. 최적의 상황을 만드는 것은 바로 자신일 뿐이다.

위기를 기회로 리모델링하라

IMF 당시, 우리는 그때까지 겪어 보지 못했던 금융 위기로 큰 고통을 겪어야만 했다. 일자리와 월급은 줄었고, 실업자는 넘쳐 났으며, 국가 경제는 모든 시스템이 제대로 작동하지 않아 혼란을 겪는 상황에 직면했다. 특히 금융권은 수많은 해고자를 양산했고, BIS 10%라는 재갈을 입에 물어야 했으며, 통폐합을 거쳐 수많은 금융회사들이 역사의 뒤안길로 사라져야 했다.

하지만 IMF를 거치면서 우리의 경제 시스템과 금융 업체는 오히려 체질을 강화할 수 있었다. 그 결과, 10년 뒤에 터진 미국발 금융 위기나 그리스, 이탈리아, 스페인으로 이어지는 유럽발 금융 위기 때는 큰 위기를 피할 수 있었다. 그리고 그로 인해 지금까지도 해외 신용정보 회사나 해외 투자자들의 큰 신뢰를 얻고 있다. 이처럼 위기는 오히려 더 나은 기회, 더 나은 발전의 장을 여는 열쇠가 되기도 한다. 왜냐하면 위기는 노래하는 가수의 쉼표처럼 잠시 숨을 고르다가 더 풍부한 성량을 내도록 만들어 주기 때문이다.

영업도 마찬가지다. 영업을 하다 보면 생각지도 않았던 문제가 발생해 어려움을 겪을 수도 있고, 아무리 열심히 해도 실적이 나오지 않는 슬럼프에 빠질 수도 있다. 하지만 달이 차면 기운다는 말처럼, 모든 것에는 주기와 리듬이 있다.

당신도 언제 찾아올지 모르는 위기 상황을 염두에 두고, 기회로 전환하는 자신만의 방법을 만들어 실천해야 한다. 그러기 위해서는 지금까지 자신에게 닥쳤던 크고 작은 위기를 어떻게 극복했는지 되돌아볼 필요가 있다.

이 세상에서 위기를 겪지 않고 성공한 사람은 단 한 사람도 없다. 예수님도 돌아가신 후 부활함으로써 구세주임을 확인시켜 주셨고, 작고하신 김대중 전 대통령은 목숨까지 잃을 번한 위기를 극복해 대통령이 되고, 노벨평화상까지 받을 수 있었다. 그렇게 본다면 위기는 성공을 향한 필수 조건이자 도약점이라고 할 수 있다. 그러니 위기에 직면했다고 해서 포기하지 말고 그것을 즐겨야 한다. 포기란 실패한 사람들이 하는 변명에 불과하다.

당신이 위기를 즐기게 되었다면, 그다음 수순은 기다림과 준비라고 할 수 있다. 기다림과 준비란 목표가 있는 자에게만 존재하는 것이다. 기다림과 준비는 성공하는 자와 실패하는 자를 가르는 중요한 잣대가 된다.

필자의 경우에도 부도 후에 10년 이상을 준비하고 기다렸기에 지금의 달콤한 성공이 있을 수 있었다. 기다리고 준비하기 위해 필자는 실패한 첫해에 『위기를 기회로』라는 책을 쓰기 시작했다. 그리고 연이어서 『실패도 주님의 사역입니다』, 『만약 내 삶이 3일 밖에 남지 않았다면』 등을 쓰면서 현실을 이겨낼 수 있었다.

그렇게 실패한 첫해에 시작해 쓴 책이 벌써 6권이다. 그리고 보험 영업으로 재기해서 2014년 10월 기준, 7만 명이 넘는 고객과 연 매출 백억 원이라는 결실을 보고 있다. 하지만 이것 또한 미래를 위한 시작일 뿐이다. 이처럼 성공은 위기를 겪었던 사람만이 취할 수 있는 열매다.

영업을 자세히 들여다보면 봄, 여름, 가을, 겨울로 나눌 수 있다. 창조주가 만들어 놓은 세상의 이치는 반드시 이런 순서에 의해 움직인다. 어느 것 하나라도 순서가 틀리면 온전하고도 정상적이 결과가 나올 수 없다. 그것을 알아채기까지 지천명이라는 시간이 흘렀다. 그렇게 본다면 삶이란 진정 세월이 선생인지도 모른다.

나름대로는 정말 혹독하게 살았다고 생각했다. 그래서 뭔가를 일찍 깨우쳤다고 생각했다. 하지만 그것 또한 나만의 생각이었다는 것을 이 책을 마무리하면서 느낀다.

사람들은 좀 더 빨리 더 많은 수확을 하고자 유전자 콩을 만들었다. 그러나 결국 많은 문제가 있어 식용으로 사용하기에는 부적합하다고 한다. 외형은 모두 똑같은데 말이다. 이처럼 정상적인 것을 벗어나 속성으로 만드는 것치고 제대로 된 것이 없다. 사실 급한 것이야 인간의 마음일 뿐 세상의 이치는 변하지 않기 때문이다. 김치도 배추를 절이고, 물로 씻어 내고, 양념하고, 배추에 버무리는 순서를 거쳐야 맛있게 먹을 수 있다. 그 순서를 반대로 한다면 먹지 못하게 된다.

영업도 계절도 순서가 있다. 뿌리지 않고 거둘 생각부터 하는 것은 순서가 틀린 것이다. 어떤 영업이든 돈을 벌고 싶다면, 봄, 여름, 가을, 겨울의 과정을 거쳐야 한다. 제아무리 노력한다 해도 그런 과정이 없다면 결실도 없다.

영업은 개척 활동 없이는 결실을 맺을 수 없다. 개척을 했다고 해도 고객이 필요로 하고, 선택하고, 결정할 때까지 일정 시간을 투자해야 한다. 그렇게 보았을 때, 얼마나 많은 사람에게 얼마나 많은 시간을 투자해야 하겠는가? 유전자 콩처럼 속성으로 하는 것은 한순간은 먹힐지 몰라도, 오랫동안 영업을 할 수 있는 방법은 아니다. 지인의 소개로 몇 건의 계약은 받아 낼 수는 있겠지만, 계속할 수는 없다는 것이다. 그래서 많은 사람들이 넓은 문으로 들어와 좁은 문을 통과하지 못한다.

필자의 경우, 지금은 영업 현장을 나가지 않아도 감당하기 어려울 만큼 많은 계약을 하고 있다. 넓은 간척지에 헬리콥터로 씨앗을 뿌리고, 기계로 수확하는 첨단 농법처럼 많은 결과를 얻고 있다.

필자가 개인적으로 어떤 사람을 만나서 "내가 당신보다 똑똑하고 멋진 사람이다."라고 말한다면, 상대는 아마 자기가 더 똑똑하고 멋진 사람이라고 두 주먹을 불끈 쥘 것이다. 그런데 영업에서는 왜 필자보다 더 멋지게 도전하지 않는지 영원한 수수께끼다.

당신도 부디 영업으로 인생에 도전해 보기 바란다. 영업은 매우 정직하기에 도전한 만큼 결실을 얻는 유일한 직업이다. 열심히 노력하면 무한대의 소득을 창출할 수 있는 직업이 영업인 것이다.

이젠 필자의 개인적인 생각보단 하나님께서 주시는 말씀대로 행하고 실천하는 그런 사람이 될 것을 약속하며, 이 책을 마지막이 아니라 새로운 시작을 알리는 출발의 총성으로 받아들일 것이다. 이 책을 읽어 주신 모든 분들께 사랑한다는 말과 함께 감사의 말을 전한다. 영업에 대해 궁금한 점이 있다면 언제든 필자를 찾아오시거나 전화로 연락을 주시기 바란다. '고객은 고객 사정, 나는 내 사정'이 필자의 영업 원칙이기 때문이다.

부록

부록 · 1 … 보험회사 교육 제안서
부록 · 2 … 영업용 문자

부록 • 1

보험회사 교육 제안서

- 분류 : HNR20140211-1

- 수신 : 00화재주식회사

- 주무 : 대표이사 귀하

- 제목 : 새로운 보험 영업 방법 교육 제안서

- 발신 : 인슈첵크 세일즈연구소 대표 이성희(010-5276-7663)

  서울 영등포구 당산동 6가 216-8 대정프라자 404호

귀사의 무궁한 발전을 기원합니다.

존경하는 대표이사님!

다름이 아니옵고, 오늘 본인은 아래 첨부한 내용처럼 다음과 같은 내용을 가

지고 귀사에 교육 제안을 하려고 합니다.

적극 검토해 보시고, 좋은 결과가 있길 바랍니다.

감사합니다.

2014. 2. 10.

인슈첵크 세일즈연구소 대표 이성희

• 새로운 보험 영업 방법 교육 제안서 •

1. 교육 제안서 제출 이유

1) 현재 국내 보험사의 영업 교육 방법은 업데이트 없이 20년 이상 지속돼온 방법으로 보험사별 차별화도 없고, 설계사나 고객들에게 신뢰성과 신선함을 주지 못하는 등 시대의 흐름을 따라가지 못하고 있습니다. 그동안 보험 영업 시장에서 주목할 변화라면, 10여 년 전 외국 보험사에서 젊은 설계사들을 모집하여, 노트북 등 하드웨어적인 영업 방법을 가지고 변화를 시도했던 것입니다. 그것 말고는 아직까지도 눈에 띄는 방법이 없었습니다.

2) 그 결과, 현재의 영업 교육은 고객과 설계사 모두에게, 서로 간에 만난다는 생각만으로도 정신적 피로감과 반감을 주는 상황에 이르렀습니다.

3) 인터넷시대에 고객과 보험시장은 빠르게 변하고 있고 회사는 성장을 추구해야 하지만, 교육에 대처하는 모습은 증원이나 다른 관심 분야에 비해 매우 부족합니다.

4) 그와 반대로 상품이나 전산 등 소프트웨어적인 측면은 상상할 수 없을 만큼 발전을 하고 있지만, 보험 영업의 기본이라 할 수 있는 영업 조직에 대한 교육은 조금도 발전한 것이 없습니다. 그러다보니 영업 전반이 밸런스가 맞지 않아 보험 업계는 위기가 찾아왔고, 그에 대한 해결책으로 GA, 방카슈랑스, TM 등 다양한 판매 루트를 개발했지만, 결국 운동력을 가진 모래가 아래로 빠지는 모래시계처럼 교육의 결과는 시간만 흘렀을 뿐 내용은 크게 변하지 않았습니다. 다시 말해, 매번 자본과 노력을 투자했지만, 회사가 얻는 것은 없었다는 겁니다.

5) 거기에 줄어드는 표준 조직들을 채우기 위해 회사는 다단계 조직처럼 증원에 사운을 걸며 전력질주를 하고 있지만, 제대로 된 교육의 부재는 증원의 모든 수고를 퇴색시키고 있으며, 그에 따른 증원 수당과 시상금만 사업비로 지출하는 과오를 반복하고 있습니다. 그런 보험회사들의 열정적과 노력 때문인지 한 통계에서는 대한민국 성인 5명 중 1명이 설계사 직업을 경

험했을 정도로, 고객들은 보험에 대한 지식만 높아졌다는 말이 나오고 있습니다. 그 말은 곧 현재 근무하는 설계사들에겐 오히려 부담을 준다는 의미입니다.

6) 이렇게 영업하는 설계사들이 과거 설계사를 했던 사람들에게 영업을 하려니 얼마나 어렵겠습니까? 지금도 영업을 하다 보면 얼마 되지 않는 설계사 수당마저 계약을 조건으로 환급해 달라는 사람들이 있으며, 영업 현장에서는 매일 시달리고 있는 것이 보험 영업의 현실입니다. 이젠 고객이 알고 있는 그 이상의 실력으로 접근하지 못한다면, 보험 시장은 결국 공멸하고 말 겁니다. 그런 상황을 제대로 인지하지 못한 보험회사는 고객의 수준에 맞추지 못하는 단순한 화법 교육과 이론적인 실전 교육만으로는 제아무리 많은 설계사 조직을 데려와 교육시켜도 절대 고객을 이기지 못할 것이며, 설계사 또한 언제든 쉽게 포기할 수밖에 없다는 것을 직시해야 합니다.

7) 다른 면에서 본다면, 그동안 보험사들은 설계사들에게 고객을 이길 특별한 교육방법을 주지 못하다 보니, 영업 교육의 한 방법으로 고소득 강사들의 경험담을 통한 동기부여 방법을 자주 활용했습니다. 그 방법 또한 개척을 잘하고 누구나 쉽게 따라할 수 있는 설계사들을 강사로 세워야 함에도 불구하고, 회사에서는 골드멤버라는 고액 전문 설계사만을 강사로 활용하다 보니, 가끔씩 언론에 보도되는 리베이트 문제처럼, 문제가 있는 영업으로 변질이 되었습니다. 그리고 그에 따른 사회적 반감은 보험 영업인 전체

가 돌려받고 있습니다.

2. 제안합니다

1) 본인은 보험 영업으로 10년을 맞이하는 이때 새로운 도전을 하려고 합
니다.

2) 본인의 조건을 맞춰주는 보험회사가 있다면, 한 개의 회사만을 선택하여
총체적인 교육 컨설팅을 실시하고 회사 발전을 위해 노력하겠습니다.

3) 관심분야 : 보험 영업에 관한 총체적인 컨설팅
 (1)표준 조직 컨설팅 - 제안서, 증권 MRI 정리, 화법, 영업시간 실시간 코칭,
 (2)지점장교육 컨설팅 - 총체적인 교육
 (3)영업 강의

4) 계약기간 : 1년 (규정상 : 근무시간은 정규직원들과 동일)

5) 계약연봉 : 5억 원 (본인의 교육을 도와줄 직원 및 기타 비용 포함)

6) 연봉제시 근거 : 회사는 분명 손해 보지 않습니다.

(1) 매출 보장 없는 일부 지역의 포장마차 권리금도 2억 원이 넘으며

(2) 증가 매출액의 1%만 해도 회사 입장에선 손해 보지 않을 것이고

(3) 매출 증가로 언론에 기사가 몇 번만 나가도 그 가치는 연봉 이상을 할 것이며

(4) 본인의 현재 직업 포기로 인한 소득 손실 보전과 회사에 주는 장기적 무

　　한가치

(5) 정착하는 설계사가 늘어나므로 회사 차원에서 잠재적으로 손실되는 설

　　계사 관리 비용을 절약함으로써 1년간 회사 전체에 주는 이익과 그에 따

　　른 유무형의 가치비용 보전

(6) 운동선수 연봉과 비교할 때, 회사의 홍보가 아닌 실제매출로 만들 수 있

　　는 가치

7) 보험 영업 신개념 마케팅 구체적 내용

본인의 영업 방법은 본인의 오랜 경험을 토대로 만든 체계적이고 독립적인

보험 영업 방법으로,

(1) 고객이 설계사를 단 한 번에 신뢰할 수 있는 아주 경쟁력 있는 제안서를

만드는 방법과

(2) 생, 손보사의 모든 보험을 스스로 총체적으로 배우고 기존 설계사들에게

증권정리 받았던 모든 것을 완전히 뒤집을 수 있는 증권 분석이 아닌 증권

MRI 정리 방법

(3) 절대 거절당하지 않을 완벽한 화법교육

(4) 그리고 구체적인 영업 방법 및 강의입니다.

위 방법은 현재 저희 회사에서 소속 사용인들이 사용하고 있으며, 영업을 처음 배우는 사람 누구에게나 6개월이면 월 천만 원의 소득을 만들어 준 방법입니다. 그동안 본인이 교육한 수많은 설계사들이 타사와 완벽하게 차별화시켰던 교육 프로그램으로,

㉠표준 조직 및 GA조직의 기존매출을 6개월 이내 40%.

㉡1년 이내 매출 100% 이상 증가 가능

⑸ 그동안 일부 보험사 조직에서 본인의 방법을 벤치마킹하다가 대부분 포기했는데, 그 이유는 그들은 숫자 1에서 10까지 순서대로 해야 한다면, 띄엄띄엄 숫자 몇 개만 가지고 모방하며 맞추려 했기 때문입니다. 그것은 본인의 영업 방법을 정확히 이해하지 못하고, 지속성도 없었기 때문입니다. 게다가 본인은 보험을 하기 전 특허출원만 6개를 냈던 사람으로, 하던 사업 모두 모방만 당하는 결과를 얻었기에, 만들 때부터 쉽게 모방당하지 않으려고 노력을 했기 때문입니다.

⑹ 본인은 2014년 사회적으로 다가온 보험 영업의 환란기를 맞이하여 그동안 꿈꾸었던 것을 실천하고자, 본인이 만든 영업 방법과 경험을 귀사에서 적극 활용하고자 본 제안서를 제출하는 바입니다.

⑺ 단언컨대, 본인을 택한 보험사에서 이 방법을 실천하는 순간, 후회하지는 않을 것이며 급변하는 영업 환경 속에서 믿음과 신뢰의 영업으로 준비하십시오. 광고비를 아무리 투자해도 본인의 방법만큼 회사에 이익을 주지는 못할 겁니다. 귀사의 주식 가치를 실적으로 올려놓겠습니다.

3. 대면영업 조직의 중요성

1) 보험회사에서 표준 조직, 즉 대면 조직의 가치는 매우 중요하며 회사의 기둥입니다. 회사가 추락하지 않으려면 기본 매출의 60% 이상을 대면 조직이 담당해야 하며, 표준 조직 이외의 판매 방법을 강구한다 해도 보험 영업의 특성상 대면 조직을 무시할 수는 없습니다. 따라서 대면 조직의 활성화는 기본중 기본입니다.

2) 현재 GA나 다른 판매 방법이 당장의 매출로 앞서가고 성장하는 것 같아도, 장기적으로 볼 때 표준 조직의 역할은 돈으로 계산할 수 없을 정도로 중요하며, 시간이 흐를수록 그 가치는 더 빛날 것입니다.

3) 표준 조직 이외의 영업 방법은 현재 인터넷보험의 현실에서 보는 것처럼 인간적인 감정이 배제되다 보니 보험사끼리 소리 없는 출혈경쟁으로 이어지게 될 것이며, 자유 경쟁 체제로 GA, TM, 방카슈랑스 등을 운용한다고 해도 표준 조직을 운영하는 것보다 여러 가지 측면에서 더 많은 비용이 들어가게 될 것은 자명합니다. 그런 모습을 일찍부터 지켜봤기에 본인은 금일 새로운 영업 제안서를 제출하는 것입니다.

4) 본인은 설계사부터 시작해 현재도 영업을 하고 있으며, 법인을 운영하고 있는 등 그 누구보다 실무 경험을 골고루 갖추고 있기에 매우 적임자라 자부합니다.

4. 강사의 역량 확인

1) 본인이 추구하는 보험 영업의 트렌드는 설계사에 대한 '신뢰' 입니다. 지금까지의 보험 영업 방법이 고객에게 강요하는 모습이었다면, 미래의 영업 방법은 고객에게 노력하는 모습과 신뢰를 주는 방법입니다.

2) 신뢰를 주는 방법이란 설계사의 노력을 시각화시켜 고객에게 찾아가 보여준다는 뜻입니다. 이 방법은 본인이 직접 만든 방법으로 2004년 1월부터 영업에 적용했으며, 지금도 보험회사 문턱에도 가보지 않은 사람들을 교육시켜 6개월 정도 지나면 매월 1천만 원 이상의 소득을 만들어주고 있습니다.

3) 그 방법은 본인이 최초로 만든 '보험증권 MRI 정리' 와 '보험 제안서' 등입니다. 사실 처음에는 '보험증권 분석' 이라는 단어를 사용했지만, 기존 보험사에서 모두가 사용하고 있기에 2004년부터 '보험증권 MRI 정리' 로 바꾼 겁니다.

4) 제안자 본인의 보험관련 중요경력 : 세부경력은 아래면 참조

· 예전 : LIG보험 대리점 사용인

· 현재 : (주)인슈첵크당산 대표, 인슈첵크세일즈연구소 대표

· 저서:『위기를 기회로』,『실패도 주님의 사역입니다』,『만약 내 삶이 3일밖에 남지 않았다면』,『영업의 꽃은 보험 영업이다』,『상위 1%가 되는 보험 세일즈의 비결』

· 보험회사 강의경력 : 삼상화재, 현대해상, 우체국, 대한생명, MG손해보험

  전국 지점장 교육 등

귀사의 자신 있고 현명한 판단을 기다립니다.

· 연락처 : 010-5276-7663

· 서울 영등포구 당산동 6가 216-8번지 404호

인슈첵크 세일즈연구소 대표 이성희 올림

영업용 문자

1. 설계사에게 발송했던 영업용 단문문자 모음집

*필요한 내용은 응용해 활용하기 바란다.

- 스스로 생각할 때 열정이 가장 높았을 때가 언제였고, 지금은 그때보다 무엇이 부족한지 생각해 봅시다.
- 영업을 잘하는 사람은 이런 어수선한 때를 기회로 삼는 사람입니다. 정말 환상적인 영업 기회가 왔습니다.
- 월납 1만 원짜리 보험 영업이나 월납 70만 원짜리 영업이나 그 과정은 동일하며 고객의 생각도 동일합니다.
- 부자와 가난한자의 차이점: 부자는 1원을 1억으로 생각하고, 가난한 사람

은 1원짜리를 가치 없게 생각한다.

- 주식에서 개미들이 돈 잃는 것은 남들과 똑같은 생각을 하기 때문. 보험으로 돈 벌려면 남들이 쉴 때 영업하는 것.

- 보험 영업은 정신적으로 우선 희망적인 생각을 많이 해야 성공할 수 있는 특별한 직업이다. 승리합시다.

- 병은 의사 실력으로 고치는 것이지 황금으로 만든 병원에 입원했다고 치료되지 않는다. 오늘도 뜁시다.

- 영업은! 내가 못한다고 남들도 못하지 않으며, 자신과의 싸움에서 이긴 자만 성공하는 특별한 직업입니다.

- 자동차 보험은 돈이 안 되는 상품 같지만, 국가에서 정한 강제보험으로 평생 고정급을 주는 최고의 연금 상품이다.

- 영업 잘하는 사람의 공통점은 슬럼프가 많다는 것. 영업을 포기하고 싶을 때 이기면 성공할 확률은 높아집니다.

- 현재 영업이 답답하고, 막히고, 어둡다면 돌아보십시오. 한 달에 새로운 고객 몇 명을 만났는지가 해답.

- 영업은! 고객을 안 만나고는 할 수 없는 것. 그래서 영업의 첫 번째 조건은 고객을 무조건 만나라는 것이다.

- 영업이 힘들다 해도 보험회사는 매월 주어진 목표 100%는 맞추고 갑니다. 영업은 강한 의지로 하면 됩니다.

- 법인 입장에서 볼 때 한 사람 한 사람을 보면 수없이 실망하지만, 전체로 보면 대단한 분들이 더 많기에 운영합니다.

- 영업 방법을 몰라 일 못하면 자신에게 용서받을 수 있지만, 알면서도 일을 안 해 소득이 없다면 사실 대책이 없음.

- 게으른 사람에겐 사탄도 간섭하지 않는답니다. 날씨는 춥지만, 기분은 봄처럼 느껴지는 월요일 일해 봅시다.

- 사업자도 없이 대화로 계약하고 10% 이상 소득 얻는 보험설계사란 직업은 분명 사채업자보다 좋은 직업입니다.

- 고객의 보험을 챙기는 만큼 여러분 가정의 보험도 챙기고 있습니까? 이유 불문하고 보험은 내 가정부터 챙기는 것.

- 영업한지 오래됐다고 영업의 기본을 버린 채 요령으로만 영업한다면 그 영업은 이미 끝난 겁니다.

- 춥다고 덥다고 오늘은 좀 쉬고 싶다고 오늘 할일을 내일로 미루는 순간 영업이란 직업은 끝나는 겁니다.

- 영업하다 욕먹으면 자존심만 상하지만, 살면서 돈이 없어 욕먹으면 인생 자체가 상처 입습니다. 개척합시다.

- 설계사의 하루를 세밀하게 계산해보면 실제 영업하는 시간은 정말 얼마 안 됩니다. 본인 것 한번 계산해보세요.

- 영업은 지켜봐주는 사람 없고 거절당하며 혼자 하는 직업이지만, 그만큼 소득이나 성취감도 높은 직업입니다.

- 급하다고 자동차에 기름을 안 넣고 고속도로로 나가면 결국 멈추듯, 영업할 때 교육 없이 일하면 오래 못합니다.

- 영업으로 성공 못하는 사람의 공통점은 성공 방법은 알지만 절대 실천d,f

안 한다는 것. 카드결재일이 다가옵니까?

- 돈, 명예, 학벌, 연고 없이 단지 열정만으로 이 시대 가장 확실히 돈 벌수 직업은 보험 영업밖에 없습니다.

- 지금까지 많은 사람을 만나며 느낀 것은 대부분 자신의 능력을 과소평가하고, 1년 이상 올인하지 못한다는 것.

- 자신의 능력을 축소하고 영업능력을 썩히는 것은 잠깐 살다 떠나는 세상에서 자신에 대한 모독입니다.

- 1년을 버티고 일할 때 가장 확실히 돈 벌 수 있는 직업은 보험 영업입니다. 긴 인생 중 1년만 투자하세요.

- 가난할 때의 설움은 가족이 아프거나 카드 결제일에 있고, 실적 없는 설계사의 아픔은 실적 그래프가 비어 있을 때다.

- 옷은 입을수록 몸이 따뜻하고, 밥은 먹을수록 배가 부르며, 매일 쉬지 않고 개척 영업을 하면 지갑이 두꺼워집니다.

- 잘 드는 칼도 오래 두면 저절로 녹슬 듯, 과거에 영업을 잘 했어도 오늘 현재 영업을 안 하면 마음이 녹습니다.

- 영업할 때 '고객은 고객 사정, 나는 내 사정' 없이 고객을 배려한다면 영업으로 돈 벌기는 힘듭니다.

- 가난한 사람의 공통점은 상대의 단점을 먼저 보지만, 똑똑한 사람은 자신의 단점을 자랑합니다. 어느 쪽입니까?

- 실직자에겐 월급날이 없고, 열심히 일하는 사람에겐 밤낮이 없듯, 영업하는 사람이 개척 안하면 실직자 됩니다.

- 개척 영업이나 지인영업이나 어떤 영업을 하든, 시작 후 최소 3개월을 못 견디면 무조건 떠나야 합니다.

- 각각의 보험 상품마다 담보별 보장이 가장 좋은 회사와 연령별 인수조건 등을 정리한 노트가 없다면 만드세요.

- 이성희 본인의 영업신조 1위는 '고객은 고객 사정, 나는 내 사정' 입니다. 그래서 이런 아침 문자 발송이 가능한 것.

- 영업할 때 고객과 부딪치면 고객이든 설계사든 어느 한쪽은 분명 깨집니다. 강한 설계사가 됩시다.

- 영업으로 성공 못할 사람 1위 : 명함 아끼는 사람, 2위 : 팀장 등 직책에 연연하는 사람, 3위 : 코칭을 못 받는 사람.

- 보험 영업으로 돈 벌려면 매월 문자를 뿌릴 가망고객 5천 명은 있어야 하는데, 현재 몇 명이나 되는지요?

- 영업이 힘들고 매번 절망스럽게 느껴지는 것은 목표가 없기 때문. 자기에게 약속한 한 가지 목표는 꼭 실천할 것

- 영업이 힘들고 어려울 땐 부부싸움도 많고 불만도 많고 세상 살기 힘들지만, 영업이 잘되면 모든 것이 사라집니다.

- 보험설계사가 보험 영업을 위해 행하는 영업 방법이 당장은 효과가 없을지라도 영업하다 보면 언젠간 도움이 됩니다.

- 영업은 정신적으로 두려움을 먼저 강하게 제압하지 않고는 매일 아침 눈을 뜨거나 출근길이 결코 즐거울 수 없다.

- 장기보험은 실력이 부족하면 못 받을 수 있어도 자동차 보험은 실력과 상

관없이 열정만 있다면 받을 수 있다.

- 자동차 보험은 실력으로 받는 게 아니라 절박한 마음으로 접근한다면 무조건 받을 수 있는 보험이다.

- 고정급 없는 보험 영업을 하면서 개별 코칭 못 받고, 시설 타령, 회사 브랜드, 수수료 타령 하면 결국 망합니다.

- 카드값부터 시작해 빚진 돈에 쪼들리고 시달리는 것보다 보험 영업으로 고객을 조르는 것이 훨씬 쉽습니다.

- 고객이 사주면 모를까 보험 영업할 때 고객과 절대 식사하지 말 것. 소득도 없고 할 말 못하고 구걸하게 됩니다.

- 보험 영업은 아주 정직한 결과를 주는 직업으로 매사 코칭 받고 영업 프로그램대로 실천하는 것이 가장 좋은 방법.

- 주일날 교회 가고, 제삿날 제사 지내며, 생일날 생일잔치 하듯 보험 마감일에 마감하는 것은 설계사의 기본 책무.

- 이럴 땐 영업 빨리 포기하세요. 1)좋은 방법은 알지만 고집 때문에 못 바꾼다. 2)결단력 부족. 3)작은 회사 싫다.

- 성공하는 사람은 자신이 한 말을 행동으로 증명하지만, 실패하는 사람은 자신이 한 말을 변명하는 데 집중한다.

- 절박함이 없는 사람은 주위를 둘러보며 걸어가지만, 절박한 사람은 오직 한 길 보험 영업만 바라보고 달려갑니다.

- 영업이 힘들고 자존심 때문에 영업을 포기한다면, 그것은 자녀와 가정의 미래를 포기하는 것. 힘들면 오십시오.

- 부탁하는 사람은 5분간 바보가 될 수 있지만, 부탁하지 않는 사람은 평생 바보가 될 수 있습니다.

- 보험은 누구나 할 수 있지만, 마무리는 아무나 못합니다. 영업에서 중요한 것은 내가 제대로 하는지를 코칭받는 것

- 영업은 거절의 열매를 먹고 사는 것. 열매를 배부르게 먹으려면 거절도 많이 당해야 하는데 거절당하십니까?

- 다른 설계사나 고객들에게 이길만한 무기도 없이 영업한다는 것은 영업의 자살행위. 되는 방법에 최선을 다하세요.

- 영업이든 사업이든 농사든 가정생활이든 뿌린 대로 거두는 것은 불변의 진리. 영업은 많이 뿌리고 관리하는 것.

- 보석을 캘 수 있는 도구가 필요하듯, 고객의 마음을 깰 수 있는 보험 영업 도구는 인슈첵크에서 언제나 무료제공.

- 금, 은, 보석은 땅에서 줍지 않고 터널을 뚫고 돌을 부셔야 캐내듯, 보험도 단단한 고객 마음을 깨고 부셔야 계약 받음.

- 제아무리 영업을 잘하는 사람이라도 개척 없는 영업은 자동차 기름이 떨어질 때까지는 절대 모르는 것과 동일.

- 규칙 없이 영업하고 편한 대로 영업한다면, 보험으로 돈 벌기는 쉽지 않을 겁니다. 영업은 규칙 있는 직업입니다.

- 사고는 외면, 회피, 성격대로 다가오지 않습니다. 준비밖에 없습니다.

- 사고는 외면한다 해도 결코 피해가지 않습니다. 오로지 준비밖엔 없습니다.

- 임산부가 남자의사를 찾는 것은 체면이 아닌 실력 때문입니다.

- 바보고객 : 해약하면 손해라고 빈껍데기 보험을 고집하다 사고 날 때.

- 보험은 꼭 가입하세요. 만약 사고가 생기면 절약한 돈으로는 절대 불가합니다.

- 보험은 보험사의 규모나 설계사의 말이 아닌 보험증권의 약관대로만 보상합니다.

- 영업을 잘하는 사람과 못하는 분의 차이는 결단력의 차이. 이젠 코칭받을 수 있는 곳에서 일하세요.

- 닭을 키우고 관리하는 사람에 따라 계란의 가치도 달라집니다. 프라이가 될 수도 병아리가 될 수도.

- 완벽한 준비가 영업을 설레게 한다면, 준비 없는 영업은 영업 자체를 두렵게 합니다. 완벽히 준비합시다.

- 하루 한 건 계약했다고 칭찬받기보다는 영업 방법이 좋다고 칭찬받는 설계사가 됩시다.

- 내가 영업을 안 해도 누군가는 영업을 계속합니다. 겨울엔 주택화재보험과 운전자보험이 계약받기 쉽습니다.

- 국가 세금을 보험사에 소개하고 10% 이상 소개비 받는 직업은 자동차 보험밖에 없습니다. 무조건 받으세요.

- 국가에 세금 납부를 도와주고 매년 10%정도 소개비를 받는 직업은 봉이 김선달도 울고 갈만한 기막힌 직업이다.

- 계란끼리 부딪치면 약한 쪽이 깨지듯 영업도 부딪치면, 고객이든 설계사든 한쪽은 분명히 깨집니다.

- 학력, 지인, 자본금 없이 3년만 작정하고 실천하면 평생 연금 받고 먹고살 수 있는 직업은 자동차 보험뿐입니다.

- 월납 1만 원짜리 영업이나 월납 70만 원짜리 영업이나 영업하는 과정은 동일하며 고객 생각도 동일합니다.

- 비관주의자는 모든 기회에서 역경을 보고 낙관주의자는 모든 역경에서 기회를 봅니다. 사장님은?

- 인슈첵크에 방문하는 것이 별 것 아닌 것 같지만, 방문할 때와 안할 때의 계약 차이는 분명 있을 겁니다.

- 영업은 셀프마인드 경영으로 원칙만 지키면 절대 무너지지 않습니다. 영업이 힘들면 언제든 오세요.

- 영업이 힘든 것은 자신이 정한 원칙을 지키지 않기 때문. 아침 8시까지 출근하고. 저녁 8시에 퇴근합시다.

- 좋은 법인 찾는 방법 : 인슈첵크 가족은 다른 곳에 가보고 다른 가족은 인슈첵크에 와서 업무 비교를 해보는 것.

- 영업이 힘들다 해도 보험회사는 매월 주어진 목표 100%는 맞추고 갑니다. 영업은 강한 의지로 하면 됩니다.

- 영업하면서 계약도 없고 답답하고 힘들 때는 아무 생각이 안 납니다. 그럴 때 인슈첵크로 놀러오세요.

- 영업을 좋아서 하는 사람이 얼마나 될까요? 하지 않으면 안 되기에 하는 겁니다. 한번 해봅시다.

- 인슈첵크에서 보내는 문자가 때로는 귀찮겠지만, 그런 노력이 있기에 아

직 존재하는 것입니다.

- 토요일은 쉬는 날이 아니라 맘 놓고 일하는 날입니다. 누구를 만나든 집중하여 자동차라도 받읍시다.

- 춥다고, 덥다고, 오늘은 좀 쉬고 싶다고, 오늘 할 일을 내일로 미루는 순간 영업이란 직업은 끝나는 겁니다.

- 항상 말하지만, 제 경험상 돈이 필요할 때 자존심 상하며 돈 빌리는 맘으로 영업하면 금방 부자가 됩니다.

- 영업은 지켜봐주는 사람 없고 거절당하며 혼자 하는 직업이지만, 그만큼 소득이나 성취감도 높은 직업입니다.

- 집에 있는 가구, 가전제품의 위치를 바꾼다고 소득이 증가하진 않습니다. 돈은 밖에 나가서 일해야 들어옵니다.

- 법인 선택법 : 영업 안 해도 부담 없으면 그만둘 곳. 모두가 열심히 하기에 영업 안하면 부담되는 곳은? 근무할 곳.

- 영업할 때 미루며 실천할 때보다 즉각 실천할 때 성공확률이 90% 이상 높습니다. 성공을 원한다면 즉각 실천.

- 영업할 때는 인슈첵크 문자처럼 지속적으로 자신의 존재를 알리는 작업을 쉬지 않고 계속해야 합니다.

- 뭐든지 열중하는 마음이 없다면, 이 세상에 진보란 있을 수 없습니다. 영업은 휴일이 없습니다.

- 곰곰이 생각해보면 보험 영업은 항상 그 자리에 있었는데, 영업이 어렵고 쉽다는 것은 내가 만든 마음입니다.

- 힘든 사연은 누구에게나 있습니다. 중요한 것은 그것을 이길 방법을 배우는 것. 인슈첵크에서 1년만 견디십시오.

- 현재의 영업 방법이 맨손으로 밤송이를 따는 모습이라면, 상처가 나고 오래할 수 없으니 바꾸세요.

- 보험 영업을 사람 생각으로 하려면 지쳐서 못하지만, 인슈첵크처럼 프로그램화시키면 쉽습니다.

- 설계사들이 가장 무섭게 느껴질 때는 보험 정보를 아무리 제공해도 전혀 관심 없이 영업할 때입니다.

- 영업은 의욕과 막연한 기대가 아닌 실전 코칭이 최고. 브랜드나 시설이 아닌 경력자의 1:1 코칭이 최고입니다.

- "성공해서 웃는 것이 아니라 웃다 보니 성공한다." 라는 말이 지하철에 씌어 있더군요. 행복한 주말되세요.

- 보험 영업은 그 자체만으로도 힘든 직업입니다. 자유롭고 구속받지 않는 환경에서 편하게 일하세요.

- 여러분은 3년 후에도 보험 시장에서 존재하고 버틸 수 있습니까? 어떤 상품으로 버틸 수 있습니까?

- 어제 흘러간 물로는 오늘 물레방아를 돌릴 수 없습니다. 영업은 어제보다 오늘이 더 중요합니다.

- 자장면 한 그릇도 고객이 찾으면 초를 다투며 배달하는데, 고객이 보험 관련 질문을 하면 즉시 가나요?

- 계란의 유정란과 무정란의 차이는 수컷의 역할인 것처럼 영업도 코칭을

받으면 쉽게 영업할 수가 있다.

· 작은 씨앗의 여린 새싹도 때가 되면 무거운 흙이나 돌을 밀치고 나오듯, 영업도 희망을 가지면 무조건 됩니다.

· 아무리 머리를 써도 남의 돈을 내 돈으로 만들긴 쉽지 않습니다. 답답하고 마음 급해도 가장 빠른 것이 영업입니다.

· 제가 보험을 시작할 때는 1년간 새벽 3시까지 일했고, 그 이후엔 밤 12시 전에 귀가한 기억이 없습니다.

· 영업하는 사람에게 최고의 행복은 반기는 곳은 없어도 갈 곳이 항상 많다는 것.

· 영업은 자신이 최고라는 생각을 하는 순간 끝이며, 가능한 많은 사람들과 대화하며 동기 유발을 찾아야 합니다.

· 거울을 보고 자신의 모습을 고치는 것처럼, 영업도 자신의 영업 방법을 매일 코칭받고 수정해야 성장합니다.

· 영업이나 사랑은? 마음으로 전하는 것을 상대가 느끼도록 전달하는 것이 기술. 기교로 접근 금지.

· 영업을 이론으로 말하면 모두가 강사지만, 실적 없어 힘들다는 것은 실천하지 않기 때문입니다.

· 보험 영업은 계약을 구걸하는 비굴한 직업이 아니라 자부심 있는 직업입니다. 명함 아끼지 맙시다.

· 인터넷보험 때문에 자동차 보험 받기가 어렵다고 말하는 것은 영업능력이 부족하다는 완벽한 증거.

- 설계사가 남과 다른 장점 없이 영업한다면, 고객도 여러분에게 보험을 의뢰할 이유가 없는 것과 동일.

- 안내견이 주인을 앞서간다고 안내견을 버릇없다 말하지 않듯, 인슈첵크가 앞서 간다고 혼내지 마셈.

- 산삼은 산 속 음지, 맛 집은 외진 곳, 시설 없는 인슈첵크 등 가치 있는 것은 모두 화려하지 않습니다.

- 영업이 힘들다면 인슈첵크로 과감히 오십시오. 어제나 오늘이 동일하다면 내일도 변화는 없습니다.

- 영업할 때는 인슈첵크 문자처럼, 자신의 존재를 알리는 작업을 영업 그만둘 때까지 계속해야 합니다.

- 늪에 빠지면 혼자선 못 나오듯, 영업하다 갈림길의 늪에 빠지면 그땐 인슈첵크를 꼭 잡으세요.

- 영업할 때 힘든 상품을 억지로 하다 보면 일 자체가 싫어집니다. 장기보험도 쉬운 것부터 접근하세요.

- 본인의 영업목표를 주위에 있는 사람들이 정확히 알지 못한다면, 이룰 수 없는 상상의 목표일 뿐이다.

- 평소 만나는 사람을 만나는 것은 영업이 아니며, 영업을 오래하려면 매일 새로운 사람을 만나십시오.

- 스스로 열심히 영업했다 해도 고객 입장에서 보면 한 달에 몇 번이나 터치됐다고 느껴질까요?

- 그동안 아무리 영업을 잘했어도 매일 3명 이상의 새로운 고객을 창출 못한

다면 영업이 힘들 겁니다.

• 본인이 근무하는 회사는 상위사라며 인슈첵크를 하대하던 분들이 왜 그 좋은 상위사를 그만 두는지~헐.

• 매일 아침 보내는 이 문자가 아침 이슬처럼 새가 먹으면 생명수가 되고 독사가 먹으면 독이 된답니다.

• 보험회사가 설계사의 영업을 적극 도와주기보단 오로지 증원에만 치우친다면 영업은 종말입니다.

• 혹시 영업이 힘들어 다단계나 건강식품 등에 마음이 간다면 평생 연금 자동차 보험에 더 집중하세요.

• 영업은 때와 장소가 필요 없습니다. 지금 여러분 주위에 있는 모든 분들이 자동차 보험고객입니다.

• 보험으로 돈 벌고 싶다면 절대 돈을 따라가지 마세요. 수수료 몇 만원 더 받는 다고 부자 되지 않습니다.

• 영업이 힘들다는 것은 영업을 못하기 때문이 아니라, 안 되는 방법으로 최선을 다하고 있기 때문.

• 여러분을 인슈첵크로 오시라 전화하지 않는 것은 구걸하는 모습보다 실력으로 승부하고 싶기 때문.

• 분재의 가치는 시설 좋은 분재원이 아니라 분재사의 능력. 인슈첵크라는 분재사가 여러분을 기다립니다.

• 모든 결정이 맞고 틀림은 시간이 흘러야 알고, 인슈첵크의 현실은 매일 7년 동안 발송한 문자가 증명함.

- 노후, 자녀 결혼, 자녀 학자금, 빚, 주택자금 등이 필요할 때 보험보다 빠른 목돈 마련 방법은 없을 겁니다.

- 영업으로 돈 벌려면 규모, 시설, 리쿠리팅, 수수료를 따라가지 말고 1:1 코칭 받을 수 있는 곳으로 갈 것. 인슈체크

- 강제 보험인 자동차 보험은 단체 물건이 있다면 인맥을 찾아서라도 무조건 받으세요. 그것이 로또.

- 보험의 장점은 한 번에 대박을 낼 수 있다는 것. 그 중 자동차와 이륜차는 단체 영업으로 최고의 상품.

- 우리보다 몇 배나 돈 잘 버는 의사들도 토요일까지 6일제 근무합니다. 우리도 좀 더 열심히 일합시다.

- 영업을 짧게 하려면 실력을 겸비하여 장기보험 하시고, 평생하고 싶다면 자동차 보험을 하십시오.

- 인슈체크는 계약을 요구하는 회사가 아니라 계약 받는(고기 잡는) 방법을 가르쳐 주는 회사입니다.

- 운동선수처럼 움직이는 사람은 운동하며 돈도 벌지만, 구경하는 사람은 돈만 쓰고 돌아갑니다.

- 영업 방법이 제자리에 서 있는 모습입니까? 느리게 걷는 사람도 움직이는 사람은 따라 갑니다.

- 영업인에게 고객 관리 프로그램과 휴대폰은 생명입니다. 분실을 대비하여 모두 백업해놓으세요

- 보험사별 최고의 상품을 파악하지 못했다면, 보험으로 돈 벌고 싶다면, 당

장 그것부터 파악하십시오.

· 꿈에서 악몽 꿀 때 몸이 안 움직이듯, 현실 영업에서 뜻대로 몸을 안 움직이면 평생 악몽이 됩니다.

· 배부른 자는 꿀이라도 싫어하고 주린 자에게는 쓴 것이라도 다니라(잠 27:7). 하루하루 행복합니까?

· 보험법인의 장점은 각사 좋은 상품을 고객께 맞춤 제공하여 돈 버는 것인데 영업, 진짜 안하십니다.

· 보험영업 하는 여러분이 고객을 두려워합니까? 아니면 고객이 여러분을 두려워합니까?

· 장마는 장마, 영업은 영업. 모두 자기 역할에 충실할 때 상대는 두려워합니다. 영업은 하면 됩니다.

· 인슈첵크가 매일 아침 질리도록 문자를 보내는 것처럼, 영업은 끈기 있게 고객에게 접촉하는 것이다.

· 영업은 자존심을 감추는 직업으로, 자존심을 드러내면 잠깐은 시원하겠지만 실익은 사라집니다.

· 영업이 힘들고 넘어져서 마음을 다쳤다면 바로 일어나지 말고 좀 쉬며 충전하다 다시 시작하세요.

· 본인이 아는 만큼이 본인의 경쟁력. 보험 영업이 힘든 것은 다른 회사 상품을 모르기 때문입니다.

· 아침마다 보내는 이 문자가 누군가에겐 알람시간이고, 누군가에겐 중요한 보험정보 일 때 결과는?

- 요즘 판매할만한 보험 상품이 없다는 설계사 치고 보험 지식을 제대로 아는 사람 본 적이 없습니다.

- 영업은 아는 고객만 찾지 않고 자기가 24시간 편하게 갈 수 있는 자기의 영업지역이 있어야 한다.

- 보험 영업으로 돈 버는 것은 생각하는 만큼 버는 것이 아니라, 생각을 실천하는 만큼 버는 겁니다.

- 콩나물도 물을 줬다 안줬다 하면 상품성 떨어지고 맛이 없듯 영업도 규칙 없이 출근하면 결과는~꽝~

- 대기업에 다니면 아파도 출근 하지만, 보험 영업할 때는 별것 아닌 일에도 결근부터 하려 합니다.

- 돈 벌기 위해 보험을 하고 있다면 쉽지 않을 겁니다. 보험으로 돈 벌려면 먼저 영업을 즐겨야 합니다.

- 보험 영업 잘하는 방법 : 쉽게 하려 하지 말고, 가장 어려운 방법으로 꾸준히 영업할 것. 쉬운 것은 없음.

- 보험 영업이 내게 부탁하지 않았고 내가 선택했는데, 왜 누구는 쉽고 누구는 힘들까요? 정신력 차이.

- 보험 영업하다 보면 여행보다, 요리보다, 영화보다, 술,보다, 운동보다 더 재미있는 직업입니다.

- 세상에서 남녀노소 직업 중 노력한 만큼의 공평 소득을 얻는 직업은 보험밖에 없을 겁니다. ,

- 세월이 참으로 빠릅니다. 80세까지 제대로 돈 벌며 활동하고 살아갈 직업

은 보험밖에 없습니다.

• 요즘은 80세가 돼도 씽씽하게 돈 버는데, 벌써 노인 흉내 내는 분은 없지요! 보험 영업 힘차게 합시다.

• 타사 상품을 정확히 알아야 내가 판매하는 상품을 더욱 더 자신 있게 판매할 수 있습니다. ,

• 여러분은 이론적이라도 1년간 실천할 수 있는 보험 영업 성공전략을 만들 수 있습니까? ,

• 제아무리 능력 있는 자라도 지쳐 포기하면 능력 없는 자가 됩니다. 영업은 벽돌을 한 장 한 장 쌓는 것.

• 영업을 혼자하면 평생 해야 하지만 동료와 함께 하면 동료가 그만둘 때 고객을 이관 받을 수 있습니다.

• 보험에서 영업 방법을 모른다면 도와줄 순 있어도 방법을 알면서도 안하는 사람은 도울 방법이 없다.

• 이성희가 일방적이고 정나미 떨어질 만큼 보기 싫어도 보험 영업은 인슈첵크에서 해야 도움 됩니다.

• 고정급도 못 받으며 보험사에 스스로 속박 당하고 스트레스 받기 싫다면 인슈첵크로 오십시오.

• 2007.10.23부터 현재까지 매일처럼 문자드렸던 그 모습이 바로 변치 않는 인슈첵크의 모습입니다.

• 무료로 조건 없이 지속적으로 보험 영업 화법을 가르쳐주는 곳은 인슈첵크 외엔 없을 겁니다. 오세요.

- 보험 환경이 안 좋고 외부 바람이 아무리 강해도 앞만 보고 굳세게 걷는 자만이 태양을 볼 수 있습니다.

- 보험 영업을 지치지 않고 하는 방법은 매일처럼 일찍 모여서 서로 토론하며 배우는 겁니다.

- 권력이나 힘이나 돈 때문에 남에게 질수는 있어도 자기 자신에게 약속한 것은 져서는 안 됩니다.

- 무대책이란? 돈은 부족하고 해결 방법은 알지만 실천은 두렵고. 그 대책은? 인슈첵크로 오는 것.

- 돈을 따라가서 돈 번 사람을 본 적이 없습니다. 보험도 수당을 따라가기보단 실적 늘림이 정답.

- 국정공휴일 등 쉬는 날이 즐거우면 직원 마인드, 답답하게 느껴지면 사장 마인드. 어느 쪽입니까?

- 영업 잘하는 방법 중 하나는 자신이 알고 있는 영업 방법을 30%만 실천해도 성공 한다는 것.

- 매번 말하지만 1년 전, 6개월 전, 3개월 전과 오늘이 다를 것 없다면 미래는 오늘보다 더 못할 겁니다.

- 보험 영업을 직업으로 선택했다면, 아는 것이 보험밖에 없고 보험으로 미쳤다는 소릴 들어야 성공함.

- 그동안 모든 영업에서 이성희보다 잘한다 생각했던 분이 계시다면 지금도 꾸준히 잘하고 계신지요?

- 운전 중 빨간 신호가 걸려도 화내지 않는 분들이 영업하다 거절당하면 화

를 냅니다. 97% 거절이 정상.

- 땅만 보고 걷는 자는 하늘을 볼 수 없고, 하늘을 보고 걷는 자는 날고 싶은 욕망이 생깁니다.

- 오늘 가장 먼저 해야 할 일이 있다면 무엇인가요? 영업입니까? 아니면 아무 생각 없이 출근합니까?

- 가장 안타까운 사람은 자신의 위치와 해결 방법과 결과를 알면서도 결단 부족으로 바꾸지 않는 사람.

- 혹시 보험 영업이 힘들어 직업 바꿀 준비는 하셨나요? 나가 보면 그래도 보험이 최고란 걸 알 겁니다.

- 시든 나무는 열매를 맺지 못합니다. 개척하고, 우편, 문자, 방문영업 하던 그 첫 열정은 있습니까?

- 예전에는 좋은 보험이 없어 영업이 힘들다 했지만, 지금은 좋은 상품이 많은데 무엇이 또 힘든지요?

- 영업에서 자유란 체계적으로 영업할 때 하는 말이고, 영업 안하고 누리는 자유는 실직이라 하지요.

- 영업을 자존심과 거만함과 정신적 사치로 할 때 결코 성공할 수 없는 이유는 실적이 거절하기 때문.

- 영업은 겸손의 결정체로, 겸손하게 배우며 대하고 만나면 실적은 당연히 따라옵니다. 겸손한지요?

- 못하는 사람을 보통 반 박자가 늦는다고 합니다. 영업에서 반박자란 알면서도 안하며 후회하는 것.

- 영업의 결과는 실적으로 나타납니다. 때 거르지 않고 밥 먹듯, 언제든 오셔서 1:1 교육 신청하세요.

- 인슈첵크에 와서 본인과 매일 10분씩 대화하는 사람과 가끔 한 번씩 오는 사람과 차이가 정말 없을까요?

- 명절은 명절, 영업은 영업. 명절에 눌려 영업을 소홀히 한다면 그것은 진짜 능력이 없는 것입니다.

- 보험을 계속하려면 인슈첵크처럼 미래를 예측하고 방주 역할 하는 곳에서 함께 해야 극복할 수 있음.

- 영업은 현재 잘한다고 잘하는 것이 아니라 인슈첵크의 문자처럼 지속적으로 할 때 결국 승리하게 됩니다.

- 욕먹지 않고 거룩하게 보험 영업하는 방법은 없습니다. 3월말까지 1일 1건 장기계약은 꼭하십시오.

- 잘못된 현재의 영업 방법을 과감히 버리지 못하면, 새로운 기회는 영원히 찾아오지 않습니다.

- 뒤로 걷던지 앞으로 걷던지 발걸음을 움직여야 눈먼 개구리라도 밟습니다. 영업은 움직이는 것.

- 인슈첵크가 꾸준히 성장하는 이유는 문자가 말하듯 실천하는 행동과 완벽한 고객 관리 때문입니다.

- 회사도 크고 시설도 좋고 교육도 잘 시키는 좋은 회사에 다니는 분들이 요즘 영업이 힘들다고 합니다.

- 세상의 삶은 잠깐이라는데 눈뜬 시간 최선을 다하지 못한다면 후회하지

요. 영업 힘차게 해봅시다.

- 하루의 세상은 많은 것을 변하게 합니다. 자고 일어나니 대통령도 바뀌었고, 이젠 우리도 바꿉시다.

- 누가 뭐라 해도 제 경험상 자존심 버리고 돈 빌리는 것보다 보험 영업하는 것이 훨씬 쉬웠습니다.

- 기다린다는 것은 무엇인가를 위해 실천했을 때 가능합니다. 보험 계약, 수당, 무엇을 기다립니까?

- 설계사의 자존심은 자신의 거룩함을 지키기보단 고객에게 가장 좋은 보험을 추천하는 것입니다.

- 오늘은 보험 영업인의 잔칫날 '주 마감일' 입니다. 아무리 못해도 지금부터 시작하면 1건은 합니다.

- 각각의 보험사는 타사보다 좋은 보험 하나씩은 다 있습니다. 망설이지 말고 제대로 배워 영업합시다.

- 경쟁 없이 판매할 상품은 많습니다. 이 시간 뭐하십니까? 고객에게 문자하고 전화하고 방문하세요.

- 보험 영업은 계약을 받기 전까지는 모든 것이 헛된 일처럼 보이지만, 믿음으로 계속하면 승리합니다.

- 시간은 보이지도 만지지도 잡을 수도 없지만, 영업은 그 시간을 이용할 줄 알아야 성공합니다.

- 대다수의 사람들은 기회와 방법을 알려줄 땐 무시하고 기회가 떠나간 후엔 이삭줍기로 살아갑니다.

- 여러분의 소속회사가 아무리 잘 가르쳐 준다 해도 결단 없이는 여러분의 소득 변화는 없을 겁니다.

- 타인에게 아쉬운 소리하며 현금 1백만 원을 빌리는 것보다 장기보험 20만 원 받는 게 훨씬 쉽습니다.

- 사장님은 현재 일하는 보험사에서 매일 무엇인가를 배우고 계십니까? 아니면 어제와 동일합니까?

- 영업은 누군가의 도움 없이는 절대 혼자 할 수 없는 직업입니다. 여러분은 누가 코칭을 해주나요?

- 살아오며 느낀 점은 영업이건 삶이건 힘들 때가 가장 행복했습니다. 할 일이 없다는 것은 지옥이지요.

- 영업은 혼자 스스로 정신 차려 하기는 어렵습니다. 잘하는 사람끼리 함께할 때 능력은 배가 됩니다.

- 인슈첵크는 증원을 위해 단 한 번도 설계사에게 전화한 적 없지만, 보험으로 성공을 원하면 오십시오.

- 영업에 활력을 넣고 싶다면 동대문 새벽시장이나 재래시장을 다녀오세요. 마음이 불끈 변할 겁니다.

- 영업이란? 어떤 계획과 생각을 하기보단 먼저 현장에 나가 부딪치며 수정하는 것이 성공의 지름길.

- 현재 보험설계사에게 그 누구도 영업을 막거나 못하게 하지 않습니다. 그저 알면서도 안할 뿐이지요.

- 집 떠나 출근하는 보험 영업인의 최소 자존심. 자동차든 장기든 1일 1건은

무조건 합시다.

- 여러분이 알고 있는 인맥을 총동원 한다면, 매월 자동차 보험 1억 이상은 충분히 할 수 있습니다.

- 인슈첵크 이성희는 놀 줄 모르고 성격 나쁜 B형이지만, 잘하는 것은 남들이 잘되도록 적극 돕는 것.

- 다른 것은 못해도 내 전화벨을 울린 고객은 절대 놓치지 말고 평생 고객으로 만드십시오.

- 어차피 시작한 영업이라면 영업에 올인하여 미친 듯이 돈 벌고 세계일주라도 한 번 해봅시다.

- 보험 영업은 세상에서 가장 행복한 직업 중 하나입니다. 그 직업을 절대 버리지 마세요.

- 영업은 계획하는 것보다 시작하고 달려드는 것이 더 쉬운 방법입니다. 계산은 하면서 합시다.

- 영업이 힘들다는 것은 기본을 벗어났기 때문이고, 잘되던 때를 기억하면 영업이 좀 더 쉬울 겁니다.

- 고정급 없는 보험 영업. 남들 쉴 때 같이 쉬면 불쌍해집니다. 인슈첵크에서 함께 영업에 미쳐 봅시다.

- 고객은 휴일도 없이 묵묵히 일하는 설계사를 더 기억합니다. 쉬고 싶다면 문자라도 보내고 쉬세요.

- 돈 때문에 징그럽게 힘들고 고통 받는다면 차라리 현장에 나가 미치도록 일하면 해결됩니다.

- 영업은 허황된 꿈을 먹고사는 직업으로 영업에서 최대 적은 두려움과 패배주의다. 성공은 실천뿐.

- 경험상 하루를 포기하면 3일이 날아갑니다. 지금부터 가망고객 20명에게 영업 전화 돌리십시오.

- 천 명도 안 되는 가망고객으로 돈 벌긴 힘들고, 제대로 돈 벌려면 매월 문자발송 고객 5천 명은 만들 것.

- 보험 영업을 아무리 잘한다 해도, 문자 고객이 5천명을 넘지 않는다면 무조건 만들어야 합니다.

- 설계사 개인의 목표는 보험계약을 많이 받아 본인과 가족이 돈 빌리지 않고 행복하게 살아가는 것.

- 영업 계획을 세웠는데도 매번 뜻대로 되지 않는 것은, 스스로의 원칙이 없어 항상 타협을 하기 때문.

- 누군가가 자기 자신에게 돈과 힘과 총칼로 협박하는 것이 아니라면 자기에겐 지지 맙시다.

- 지금도 누군가는 보험설계사를 기다립니다. 그렇기에 매년 보험회사는 성장합니다.

- 아무리 맛난 진수성찬도 본인이 관심 없거나 먹지 않으면 결국 남이 먹습니다. 보험이 그렇습니다.

- 전문 직업 중 모르고 할 수 있는 직업이 있을까요? 보험 영업도 마찬가지. 배워서 자신 있게 합시다.

- 설계사심리 1)좋은 상품이 없어서 못 판다. 2)좋은 상품이 나오면 무관심으

로 돌변. 언제 돈 벌죠?

- 영업은 교육이 충전이고 음식입니다. 인터넷시대 타사 상품을 정확히 알아야 내 상품도 팝니다.

- 인슈첵크는 외형은 작아 보여도 매우 알차고 내실 있는 회사입니다. 보험으로 돈 벌려면 꼭 오십시오.

- 평범한 종이에 그린 그림도 그린 사람에 따라 그 가치가 수억 배 다르듯, 자동차 보험도 그렇습니다.

- 영업하며 만남과 헤어짐은 일상이지만, 희망 없다고 적을 만들며 헤어지는 것은 어리석은 일이다.

- 영업을 할 때 먼저 몸으로 뛰지 않고 생각으로 하려는 사람은 순서가 뒤바뀐 것으로 실패확률 100%다.

- 영업할 때 편한 곳은 모두에게 친절할 뿐 실익은 없습니다. 오히려 불친절한 곳에서 계약은 나옵니다.

- 물통에 쥐를 넣고 빛을 차단하니 3분 만에 포기. 실빛을 주었더니 36시간 헤엄친 것은 무엇 때문일까?

- 시간도 급행열차가 있네요. 참으로 빠른 한주. 작은 희망은 큰 꿈을 이룹니다. 함께 한번 해봅시다.

- 영업하는 사람이 실패하는 가장 큰 요인은 소탐대실, 작은 것을 탐하다 큰 것을 놓치기 때문입니다.

- 과거 빌려준 돈 떼이고, 투자나 보증선 돈 못 받고 주식으로 손해 많이 봤다면 저와 다시 시작합시다.

- 인슈첵크는 요즘 장기, 자동차 모두 참나무, 생솔가지에 불붙듯 불붙은 것 같습니다. 불 쬐러 오세요.

- 시작은 누구나 할 수 있지만, 마무리는 누구나 못합니다. 부도나도 마무리 잘하는 사람이 일어서지요

- 비가 내린다고 뛰면, 땀으로 젖습니다. 영업이 힘들다고 회피하면, 궁핍함이 안개처럼 찾아오지요.

- 원수사에서 얼마 안 되는 계속분 받으려다 결국 영업을 포기하는 분들을 자주 봅니다. 영업은 결단.

- 삶은 비록 가난해도 남을 항상 잘되게 도와준다면 그는 부자입니다. 이기적인 자는 가난해집니다.

- 사람은 자기가 말한 말을 먹고 살기에 부정적인 말과 이간질하는 자는 부정적인 결실을 얻게 됩니다.

- 지구상에서 가장 돈 벌기 쉬운 보험 영업으로 설계사의 노후를 인슈첵크에서 준비합시다.

- 더 큰 것을 얻으려면 작은 것은 버려야 하지만, 인슈첵크 설계사로 오시면 버린 것까지 찾아드립니다.

- 인슈체크에 오셔서 함께 일한다는 것은 쉽지 않은 결단이겠지만, 그에 따른 분명한 소득도 있을 겁니다.

- 영업 잘하는 방법 : 일찍 출근하고, 늦게 퇴근하는 것을 미련스럽게 꾸준히 지속하는 것.

- 대학 중퇴 스티브 잡스가 떠났지만, 제게 남긴 말은 "갈망하라, 무모하게

그렇게 살아라."입니다

- 역경 없는 성공과 행복은 없답니다. 건강과 물질로 인해 행복이 점점 사라져간다면 신앙을 가지세요.

- 지금까지 살면서 느낀 것 중 하나는, 손해를 안보고 이익만 보려는 사람은 결국 더 큰 손해를 본다는 것.

- 희망은 모든 것을 이길 수 있답니다. 본인이 97년 부도 이후 지금까지 온 것은 희망을 가졌기 때문.

- 경력의 유무를 떠나 오늘도 설계사라는 직업을 하고 있다면, 분명 희망은 살아 있는 것입니다.

- 걱정은 하면 할수록 쌓이고, 영업은 하면 할수록 가벼워집니다. 영업은 어려운 것이 축복.

- 지금부터 지난 3개월간 영업한 사람 리스트를 만들어 30번만 읽어보세요. 마감할 대상자가 나옵니다.

- 누가 뭐래도 영업은 개척하고 고객 만나고 시간 투자하는 방법밖에 다른 방법이 없습니다.

- 월요일에 생각할 내용: 고객은 왜 나에게 보험을 가입해야 할까? 자신의 경쟁력은 무엇인가요?

- 영업에 올인하면 영업은 못해도 돈은 법니다. 그 이유는 일 때문에 돈 쓸 시간이 없기 때문.

- 97년 제가 부도나 봐서 아는데 돈 빌리는 것이 가장 어렵고 돈 빌릴 자존심으로 일하는 것이 가장 쉬움.

- 세상 경제가 아무리 흔들려도 제대로 하는 사람은 절대 흔들리지 않습니다.

- 영업은 열심히 하는 것이 중요한 게 아니라 올바로 하는 것이 더 중요합니다. 보험은 인슈첵크에서.

- 영업이 힘든 것은 고객이 나를 피해서가 아니라 내가 고객을 피하기 때문입니다. 돈 벌려면 오세요.

- 영업이 힘들다고 말하지 말고 어떻게 하면 되는지를 알면서도 안하기에 힘들다고 말 하세요.

- 인슈첵크에서 판매하는 상품을 종합해보면, 상품 때문에 계약을 못 받는다는 것은 이유가 안 됩니다

- 그저 그런 영업으로 어떤 기대를 한다면, 그저 그런 사람만이 얻을 수 있는 결과로만 자신을 채웁니다.

- 영업이란? 물처럼 매일 흐르도록 만드는 것. 만약 멈추게 된다면 한순간 포기하고 썩게 됩니다.

- 인슈첵크는 설계사님 비위나 맞춰 돈 벌고 싶은 마음 없으며, 완벽한 고객 관리로 함께할 분은 환영함.

- 새 옷을 입는 것은 옷을 벗는 것이 아니라 바꿔 입는 겁니다. 영업 방법도 오래됐다면 바꿔야 합니다.

- 영업은 고객과의 약속을 지키는 것이 아니라 자신에게 처음 했던 약속을 지키는 것입니다.

- 한 달 동안 이 문자를 중지한다고 여러분이 신경을 쓸 리 없겠지만, 그래도 보내는 것은 약속 때문입니다.

- 하루 중 90% 이상을 영업 생각으로 채우지 못하면, 퇴직금 없는 영업에선 가난밖에 남는 것 없습니다.

- 영업이란? 경험이 많아도 보상을 잘해도 소속회사가 좋아도 현재 본인이 돈 못 벌면 허당, 꽝입니다.

- 자본이 필요 없는 보험 영업인데도 만약 영업으로 빚이 생겼다면 하루빨리 영업을 포기해야 합니다.

- 브랜드, 회사 타령하던 분들은 벌써 떠나고, 작은 회사인 인슈첵크는 나날이 성장하고 있으니, 하하하.

- 법인에서 일하기란 원수사에서 일하는 것보다 20배는 어렵습니다. 비전 없는 곳에선 일하지 맙시다.

- 영업은 혼자 할 수 없는 직업으로 교육 시스템이 부족한 법인에서 근무하려면 원수사에서 근무하세요.

- 영업은 안 되는 이유를 변명하는 직업이 아니라, 어떻게 하면 잘할 수 있을까를 매일 생각하는 직업.

- 영업이 힘들고 뜻대로 안 될 때는 이곳저곳 다니면서 교육도 받고 정보를 얻는 것도 좋은 방법입니다.

- 영업은 백 명 중 한명을 제외하고는 누구나 두렵고 지루한 직업입니다. 그래서 영업이 할 만한 겁니다.

- 영업은 결단력 부족과 은근한 기대감을 과감히 버릴 때 성공합니다. 5월 마무리 잘해 봅시다.

- 출근도 두렵고 나가자니 막연하고 보험 영업 힘드시죠? 힘들 땐 오셔서 한

번쯤 기대세요.

- 오늘은 어제가 아닙니다. 어제까지 있었던 나쁜 습관은 모두 버리고 오늘부터 다시 시작합시다.

- 계약 및 가망고객을 모두 정리, 출력해 100번만 읽어보면 30%의 신계약이 생깁니다. 한번 해보세요.

- 지난 한 주간 여러분은 개척이나, 문자나 방문 등으로 영업을 비축한 것이 있습니까?

- 영업 잘하는 사람의 공통점은 회사 브랜드나 규모를 보지 않고 자신을 브랜드해 영업합니다.

- 영업을 배우고자 인슈첵크에 오신 분들이 회사 규모가 작고 싫은 소리만 한다고 떠납니다. 죄송. 감사.

- 인슈첵크가 급성장하는 이유는 설계사 모두에게 동일한 조건과 진심으로 대하기 때문입니다.

- 오늘처럼 비 오는 날은 영업하기 좋은 환경. 전화로 모든 고객 터치하고 고객 정리 하세요.

- 본인의 말과 행동이 모순된 것을 알면서도 부정에서 긍정으로 실행치 못하면 어떻게 해야 할까요?

- 떠나는 열차를 향해 달려가듯, 지금부터 부지런히 인슈첵크로 오십시오. 오시면 후회하지 않습니다.

- 영업하며 듣는 말 중 가장 기분 좋은 말은 저 사람 보험에 미쳤다는 말입니다. 보험 영업에 미쳐 봅시다.

- 만약 회사의 브랜드나 팀장과의 관계, 수당, 회사 규모, 계속분 수당 때문에 일한다면 떠나십시오.

- 영업은 남이 나를 거절해서 힘든 것이 아니라, 자신이 자기를 거절하기에 힘든 것입니다.

- 아침마다 보내는 문자를 대충 보는 것은 상관없지만, 정보까지 대충 보지는 마십시오.

- 우리가 백여 년 육신의 세상을 살아가면서 남에게 어떤 기준이 되고 영향을 주는지 생각해 보셨나요?

- 자기 자신에게 말한 내용이 영업으로 성공할 방법이 아니라면 당장 그 방법을 그만둬야 성공합니다.

- 영업은 사람이 아니라 자신과 고객을 위해 일하는 겁니다. 이성희가 싫어도 제대로 일하려면 오세요.

- 영업하면서 가장 파워 있게 영업하는 방법은 자기모순에 걸리지 않게 영업하는 것입니다.

- 개척하지 않고 영업은 할 수 있지만, 성공확률은 적습니다. 인슈첵크 사용인들처럼 개척하십시오.

- 다이아몬드와 인슈첵크와 보석은 겉면에 흙이 묻어 있어도 그 내면의 가치는 절대 변하지 않습니다.

- 보험 지식과 경력은 많아도 매일처럼 영업을 하지 않는다면 방구석에 쌓여 있는 헌 책과 같습니다.

- 썩거나 녹슨 쇠도 풀무 불에 들어가면 되살아나듯, 영업이 힘들 때 인슈첵

크에 오면 다시 살아납니다.

- '독목불성림' 이란 문장처럼 홀로선 나무는 숲을 이루지 못합니다. 여럿이 합쳐야 영업도 잘됩니다.

- 가장 추운 대한이 지나면 입춘이 오듯, 영업도 위기가 지나면 희망이 옵니다. 한번 해 봅시다.

- 지폐는 한국은행에서 만들지만, 보험 영업으로 돈 버는 법은 인슈첵크에서 만듭니다. 어서 오세요.

- 고객을 방문할 때 알쏭달쏭 재미있는 보험 상식을 준비하여 지급하면 다양한 화법을 만들 수 있습니다.

- "복상사나 접시에 코 박고 죽으면 상해사망일까요, 질병사망일까요?" 등 보험 상식 질문지를 만들 것.

- 어둠이 천지를 삼켜도 삼킬 수 없는 것은 불빛입니다. 인슈첵크는 어둠과 안개속의 등대 불빛입니다.

- 현재의 영업 방법이 목마르다고 자기 살을 베어 피를 마시는 형국이라면, 이젠 영업 그만해야 합니다.

- 월말은 가깝고 돈은 부족하고 영업도 손에 안 잡힌다면 자동차 보험으로 돌파하세요. 외통수해결.

- 영업에서 상극은 힘들다고 포기하는 것으로, 욕망이 없으면 힘든 것도 없으며 슬럼프도 없답니다.

- 영업을 못하는 것도 영업을 잘하는 것도 다 능력입니다. 인슈첵크는 여러분의 생각을 도울 뿐입니다.

- 누구나 하는 방법과 쉽게 하는 방법으로 고수익을 얻을 수는 없습니다. 그것이 영업의 본질입니다.

- 안 되는 방법을 고집하는 것은 집념이 아니라 미련입니다. 이 말은 제가 가장 좋아하는 말입니다.

- 인슈첵크에 와서 영업을 하고 싶다는 마음이 들 때, 가차 없이 통제한 그 결정을 후회한 적은 없습니까?

- 영업할 때는 생각나는 대로 말하지 말고 생각해서 말하고, 쉽게 하려 하지 말고 가능한 힘들게 일할 것.

- 우유를 배달하는 자와 마시는 자 중 누가 더 건강할까요? 매일 문자를 보내는 저는 지치지 않습니다.

- 영업을 하면서 증권분석이든 화법이든 자신만이 할 수 있는 완벽한 영업 방법이 있어야 성공합니다.

- 보험 영업은 지구상에서 그 어느 직업과도 비교할 수 없는 멋진 직업입니다. 자부심을 갖고 일하세요.

- 안 되는 일에 최선을 다하는 분이 소신까지 가지면 사실 대책이 없습니다. 인슈첵크는 희망입니다.

- 돈 안 쓰고 절약하는 마음을 돈 버는 쪽으로 적극 활용한다면, 더 많은 돈을 벌 수 있습니다.

- 일할 때 가끔 상처받는 일이 있다면, 자신을 위해 일하기보다는 가족의 행복한 미래를 위해 일합시다.

- 알량한 자존심과 사사로운 계산과 계획 없는 영업은 사랑하는 가족의 미

래를 어둡게 만듭니다.

- 사람은 위기가 닥칠 때, 그 사람의 가치와 무게를 알 수 있다. 위기는 기회. 새로 시작해 봅시다.

- 화재 예방은 조심한다고 되지 않습니다. 화재보험으로 재산을 지키는 것이 가장 현명한 방법입니다.

- 화재보험은 보험 중 가장 쉬운 보험이지만, 대부분은 어렵다고 합니다. 그 이유는 모르기 때문입니다.

- 어느 분은 인슈첵크를 보면 영업사원 재활용센터 같다고 말합니다. 그만큼 잘한다는 말이겠지요.

- 영업은 우연히 받는 계약으로는 오래하지 못합니다. 기획하고 꾸준히 준비할 때 성장할 수 있습니다.

- 영업에서 가장 미련한 사람은 할 줄 알면서도 안 하고, 매사 시간 지나면 후회하는 사람들이다.

2. 보험 영업을 처음 상담하는 분께 보내는 장문 문자

안녕하십니까? 보험법인(주) 인슈첵크 이성희입니다. 보험 영업을 시작하는 분들께 한 가지만 전하고자 합니다. 자기 자신에게 어떤 변화도 주지 않는다면, 영업은 1년 전이나 6개월 전, 3개월 전 어제나 오늘, 그리고 앞으로 1년 후에도 바뀔 수 없습니다. 영업은 도전입니다. 현재의 삶에 안주하기보단 매일 계획을 갖고 도전하십시오. 본인은 저희 인슈첵크에서 일하는 영업인들에게 항상 두 가지 목표만을 제시합니다. 첫째는 가족과 함께 식사할 때는 절대 메뉴나 가격표를 보면서 먹지 말고, 먹고 싶은 대로 맘껏 먹게 하라는 것입니다. 두 번째는 매월 소득이 1천만 원이 넘지 않으면 사무실을 청소하거나, 내게 밥살 자격이 없다는 것입니다. 그래서 천한 남자, 천한 여자(월천공주)가 되라고 가르칩니다. 고정급과 퇴직금이 없는 영업에서 활동의 자유가 있다고 편하게 생각하지 말고, 새로운 도전으로 자신을 재촉하는 인슈첵크 가족이 되길 바랍니다.

감사합니다.
인슈첵크.

3. 인슈첵크에 관심 있는 타 직업 영업인들에게 보내는 문자

안녕하십니까? 인슈첵크 이성희입니다. 이 문자는 7월 1일 '설계사 시험 안내' 문자 이후에 연락주신 분들께 공통으로 보내드리는 문자입니다. 그런 관계로 기존에 설계사 자격을 취득한 분이나, 다른 법인에 등록 중인 분이나, 처음 시험을 치루는 분들에겐 각각 입장 차이가 있을 수 있기에 사전 양해를 부탁드립니다. 인슈첵크는 현재 많은 분들이 함께 하는 전국적인 회사지만, 아직까지는 지사체계로 운영하지 않고 모든 업무를 본사 직영체계로 운영하는 회사입니다. 그 이유는 지사체제로 운영 시 지사장들의 마인드 부족과 서

비스 부족으로 회사와 대표 본인의 이미지에 나쁜 영향을 줄 수 있기 때문입니다. 앞으로도 인슈첵크는 여러분의 소득 증가가 곧 인슈첵크의 소득 증가로 이어지기 때문에 기존의 조건일 때보다 더 좋은 정보 제공과 관리로 최선을 다해 돕겠습니다. 전달사항(1) 처음 시험 보는 분들에게 : 보내드린 시험 책자는 잘 받으셨는지요? 손해보험협회에 확인하여 여러분이 거주하는 전국 지역별 시험 일정을 확인하고, 8월은 20일 이후로 시험이 배치되어 있기에 열심히 공부하여 전원 합격하기 바랍니다. 하반기부터 시험이 더 어려워진답니다. 접수 담당 직통: 02-6331-8017 (2)그러기 위해선 인슈첵크에 시험 응시료를 미리 납부한 후 신청하셔야 합니다. 응시 비용은 14,000원. 다시 말해 응시료를 내고 시험을 어디서 보겠다고 말하면 그곳으로 신청해주고, 시험일 2일전에 응시표를 메일로 보내드립니다. (3)기존에 설계사 자격이 있는 분들은 소속점에서 손해보험과 생명보험을 등록했다면 모두 해촉이나 말소하고, 인슈첵크로 연락주시면 나머지는 인슈첵크에서 등록 신청을 해드립니다. (4)손해보험 설계사에 합격하면 국내 9개 손해보험사마다 각각 여러분의 개인 코드가 나옴. 인슈첵크는 2007년 10월부터 작년 말까지 7년간 전국 수백명의 영업 조직들에게 매일 오전 8시 20분 3개의 문자를 보내면서 정보 제공과 관리를 해왔습니다. 따라서 인슈첵크와 거래하더라도 정보를 몰라서 영업이나 계약을 못하는 일은 없을 겁니다. 오히려 가까이 있는 조건보다 좋을 겁니다. 궁금한 점이 있다면 언제든 전화주시고, 올 연말이 지나면서 정말 결정 한번 잘했다는 마음을 갖도록 하겠습니다.

인슈첵크 이성희 올림. 1544-6201

4. 비교 견적 안내 시스템 관련 문자

　안녕하십니까? 보험법인 (주)인슈첵크 이성희입니다. 2014년 12월 주제는 〈인터넷시대 : 전화 통화 필요 없는 비교 견적 시스템〉을 주제로 삼았습니다. 1) 지금도 영업 조직의 99.9%는 자동차 보험을 의뢰할 때, (1) 전화로 의뢰하는 시간적인 부담과 (2) 총무들과 통화 시 사투리나 통화 품질로 인한 차대번호나 주민번호 등 부정확한 정보 기록 (3) 근무시간에만 접수해야 하는 불편함 (4) 통화할 때마다 불쾌한 목소리 등으로 인해 상호 간에 상처받는 일이 많았습니다. 2) 그래서 인슈첵크는 그 모든 것을 100% 보완하고자, 최초로 전화 통화 없이 컴퓨터나 스마트폰으로 자동차 보험과 장기보험의 비교 견적을 의뢰할 수 있는 '스마트비지시스템'을 만들어 사용 중에 있습니다. 3) 처음엔 불편하겠지만, 사용하다 보면 이보다 더 좋은 시스템은 분명 없을 거라고 누구든 말할 겁니다. 이 문자를 읽고 컴퓨터나 스마트폰으로 인터넷주소창에 emunhi.com으로 접속하여 회원 등록하고 사용해 보십시오. 4) 고객이 직접 담보를 선택하게 한다면, 민원도 없고 최고의 경쟁력이 될 겁니다. 5) '스마트비지시스템'은 이성희 본인이 직접 설계하고 만든 것이기에 아주 쉽습니다. 6) '스마트비지시스템'으로 접수하면 총무들이 실시간 접수되는 내용을 보고 비교 견적을 산출하여 요청한 곳으로 발송하는 단계 없는 시스템으로 7) 전화로 통화 내용을 메모하고 비교 견적으로 옮겨 견적을 산출하는 일반적인 방식과는 차원이 다릅니다. 8) 지금 즉시 컴퓨터나 스마트폰의 인터넷주소창에 emunhi.com으로 접속하여 회원 등록하고 즐겨찾기에 저장하세요. 9) 영업은 자존심이 아닌 실리적인 행위로 이젠 더 이상 망설이지 말고 결단하고 오셔서 인슈첵크와 동행하십시오. 인슈첵크는 타법인과 경쟁하는 곳이 아니라 모두와 상생을 지향하는 회사입니다. 10) 11월도 많은 분들이 설계사 시험을 봤습니다. 보험 상식도 배우고 영업으로 안정된 삶을 원한다면 택배비 착불로 설계사 시험책자 요청할 것. '부업' 이 '주업' 됩니다. 11) 출, 퇴근 없이 합법적으로 보험도 하고, 평생 안정된 소득을 얻도록 적극 돕겠습니다. 12) 인슈첵크는 결코 추월당하지 않는 자존심을 지켜나갈 것이며, 이성희가 보장하면 믿어도 됩니다. 감사합니다.

(주)인슈첵크 이성희 올림, 1544-6201

5. 자동차시장의 영업적인 미래 준비 문자

안녕하십니까? 보험법인(주) 인슈첵크 이성희입니다. 1) 미래를 예측하지 않고 영업을 한다면, 미래가 없는 직업이 됩니다. 그런 면에서 2014년 10월엔 '자동차 영업의 미래' 를 예측하는 내용으로 주제를 삼았습니다. 2) 가전제품의 통합판매점으로 하이마트가 있습니다. 처음엔 가전 대리점에서 많은 반대를 했지만, 결국 통합 판매점이 탄생했고, 지금은 거대한 회사가 되었습니다. 3) 보험으로 처음엔 어려움도 있었지만, 지금은 GA법인이 대세입니다. 4) '그리고 다음은 무엇일까?' 를 생각해보면, 바로 '자동차 종합 판매법인'

의 탄생입니다. 5) 본인은 지금까지 영업인으로 예측을 실천하며 살았습니다. 손해보험 설계사 시절엔 월평균 1천만 원 이상의 소득도 미련 없이 버리고, 미래를 위해 GA를 선택해서 지금까지 왔습니다. 6) 이젠 홈쇼핑에서도 수입 자동차를 판매합니다. 최근 국내자동차 시장은 수입차의 점유율이 급증하고 있고, 국산차의 시장점유율은 점점 하락하고 있습니다. 7) 이때 영업인으로써 예측해야 할 부분은 자동차회사들이 경쟁력 강화를 위해 취할 다음 수순입 니다. 8) '자동차회사들이 치열한 경쟁을 위해 어떤 대책을 준비할 것인가?' 가 바로 예측이고, 그에 대한 예측은 '지역별 통합 전시장' 이나 '자동차 종 합 판매법인' 외에는 대안이 없습다. 9) 그 이유는 지역별 전시장과 영업사원 축소로 만들어진 엄청난 자금을 가격 인하로 전환시켜 경쟁력을 높일 수 있 기 때문입니다. 가격 정찰제도 그런 조치의 일환입니다. 10) 국내 자동차회사 의 특성상 노조문제와 자동차 생산성 효율문제는 쉽게 해결할 수 없기에 영 업 조직 축소와 통합 전시장 외엔 다른 대안이 없습니다. 11) 영업하는 우리 의 관점은 그런 변화를 예측하고 미래를 준비하는 것으로 12) 그 중 첫 번째 가 자동차 판매와 평생 동행할 수 있는 설계사 자격을 취득하여 자동차 보험 과 장기보험을 통해 합법적으로 평생 소득을 창출하는 겁니다. 13) 또한 때가 되면 인슈첵크 소속의 영업 가족이 함께 힘을 합쳐 통합판매 회사를 만들거 나 리스, 중고차 등 모든 영업을 함께 하면 될 것입니다. 당장은 인슈첵크를 통해 기존 가입고객을 잘 관리하여 평생 소득을 만드는 겁니다. 14) 인슈첵크 는 지난 7월부터 여러분들이 출, 퇴근 없이 합법적으로 보험도 하고, 평생 안 정된 소득을 얻을 수 있도록 3천 명의 딜러 분들을 인슈첵크 설계사 가족으로 만드는 일을 진행하고 있습니다. 15) 현재 많은 딜러들이 접수하고 있으며, 보험 상식도 배우고 설계사 자격을 취득하고 싶다면, 언제든 택배비 착불 3천 원으로 설계사 책자를 신청하세요. 16) 인슈첵크는 결코 추월당하지 않는 자존심을 지켜나갈 것이며, 이성희가 보장하면 믿어도 됩니다.

(주)인슈첵크 이성희올림, 1544-6201

인생을 세일즈하라

초판1쇄 인쇄 | 2015년 2월 20일
초판2쇄 발행 | 2016년 11월 20일

지은이 | 이성희
펴낸이 | 김진성
펴낸곳 | 허테분수

편집 | 김선우
디자인 | 장재승
관리 | 정보해

출판등록 | 2005년 2월 21일 제2016—000006
주소 | 수원시 팔달구 정조로 900번길 13 202호(북수동)
전화 | 02-323-4421
팩스 | 02-323-7753
홈페이지 | www.heute.co.kr
이메일 | kjs9653@hotmail.com

ⓒ 이성희, 2015
값 13,000원
ISBN 978—89—93132—36—6 13320